Errol Bouchette

L'indépendance économique du Canada français

essai

ISBN : 978-1536969757

10 9 8 7 6 5 4 3 2 1

Errol Bouchette

L'indépendance économique du Canada français

essai

Table de Matières

Chapitre 1 : Le Canada parmi les peuples américains

Situation du Canada dans l'empire - Caractère des institutions Britanniques modernes - Relations du Canada avec les États-Unis - Avenir des deux races canadiennes.

La confédération canadienne forme partie du plus vaste empire de la terre. Elle n'est aujourd'hui ni une colonie, ni une dépendance de la métropole, mais une associée, jouissant tant en droit qu'en fait d'une autonomie réelle et presque absolue. Cette autonomie a pour base l'idée fondamentale de l'empire britannique moderne - un regroupement de nations distinctes, chacune travaillant séparément, mais sous un même monarque et dans un accord parfait, au grand oeuvre de la civilisation.

Impossible de rien concevoir de plus grand qu'une telle idée aussi heureusement et pleinement réalisée. Jamais auparavant le monde n'avait été témoin d'un pareil spectacle. Est-il surprenant que de jeunes nations, s'épanouissant grâce à un système qui marque un progrès si grand dans l'histoire sociale de l'humanité, en conçoivent un légitime orgueil ! Le Canada surtout, qui en a scellé de son sang le principe, ne reculera devant aucun sacrifice pour en assurer la permanence. Aussi les Canadiens vénèrent-ils la mémoire de la grande souveraine dont l'influence a rendu cette oeuvre possible. Ces mots gravés au pied de son monument jubilaire élevé au sein de leur capitale : Hoc monumentum erexerunt liberi et grati Canadenses, marquent une étape de leur histoire tout aussi éloquemment que l'inscription qui se lit sur le socle de celui de Montcalm et de Wolfe à Québec.

À l'auguste successeur de cette grande reine, les Canadiens ont voué un attachement personnel d'autant plus sincère et plus profond qu'ils savent que ce prince maintient de toutes ses forces les institutions politiques qu'ils se sont choisies et par lesquelles ils se gouvernent.

Lorsqu'on examine de près nos institutions impériales, il est impossible de ne pas être frappé de la puissance qui résulte de leur adaptabilité à toutes les conditions des sociétés qu'elles régissent. Il est évident qu'au sein de l'empire, tout comme en dehors, l'évolu-

Errol Bouchette

tion des peuples se poursuit et se poursuivra inexorablement. Les nations autonomes qui le composent se développeront et leurs besoins grandiront avec elles. Les nécessités économiques travailleront toujours dans un champ d'action de plus en plus étendu pour chacune des unités ; et, grâce au principe de l'autonomie, cette évolution s'accomplira presque insensiblement.

Il en a été ainsi depuis l'institution du gouvernement responsable ; il en sera toujours ainsi, d'après des lois sociales très clairement établies. Mais jusqu'à présent les événements ont prouvé que cette évolution, loin d'affaiblir le lien, le fortifie au contraire. Que se passe-t-il, en effet, dans les empires anciens ou même modernes dont nous connaissons quelque peu l'histoire ? Il vient un temps où le lien colonial se rompt, s'il n'est pas suffisamment élastique, et alors la colonie affirme sa virilité ; elle quitte, pour ainsi dire, la maison paternelle, comme le ferait un fils adulte que les parents refuseraient de libérer des entraves de l'enfance. Si jusqu'ici l'histoire offre le spectacle invariable de colonies se détachant de la métropole dès qu'elles ont atteint un certain degré de développement, ce n'est point à cause de l'antipathie naturelle que celle-ci leur inspire ; c'est par suite des nécessités sociales et économiques de la colonie que la métropole n'a pas su comprendre. Les antipathies et les haines ne viennent que plus tard. Elles sont la conséquence des résistances qu'on oppose à des aspirations naturelles et à des nécessités incontrôlables. [1] Grâce à l'élasticité du système impérial moderne, les nations qui composent l'empire britannique peuvent espérer d'évoluer sans heurt. Chaque nouveau problème politique, économique ou social, se discute librement. La solution peut quelquefois se faire attendre, mais on finit toujours par la trouver, car de part et d'autre on la cherche de bonne foi. Aussi constatons-nous que toutes les nations formant l'empire tiennent de plus en plus à cette association d'idées, de principes et d'intérêts, et qu'elles se soumettent de bon gré aux devoirs qu'elle entraîne.

Ce lien moral serait à lui seul assez fort pour se maintenir sans le secours de considérations extérieures, car, nous le répétons, il marque un pas réel dans le progrès social de l'humanité. Mais il est vrai aussi que de telles considérations existent pour la plupart des

---

1 L'histoire de la Révolution Américaine prouve abondamment ce fait. Voir surtout le fameux discours de Patrick Henry prononcé au premier Congrès.

Chapitre 1 : Le Canada parmi les peuples américains

nations autonomes de l'empire. Sans l'unité impériale, l'Australie aurait peine à se défendre contre l'agression étrangère. Les Canadiens, d'autre part, vivent sous le coup d'une alternative qui ne leur plaît guère. L'annexion du Canada par les États-Unis, république qui se dit américaine par excellence et qui prétend bientôt prendre officiellement ce titre, n'est pas précisément probable, mais elle est possible. Personne au Canada ne la croit désirable. Au contraire, on la redoute. Les annexionnistes nous disent bien que les deux peuples réunis formeraient l'organisation politique la plus puissante de la terre. Mais cet argument, d'ailleurs contestable, est le seul dont ils puissent étayer leur projet. Encore faudrait-il, pour que la chose se réalisât, compter sur l'aveuglement de l'Europe tout entière. Cette possibilité constitue en effet pour les grandes puissances un péril bien autrement réel et présent que le péril jaune, qui, pourtant, n'est pas un simple épouvantail.

Comment croire que ces puissances, dont la prépondérance mondiale tient en une si grande mesure à leur expansion commerciale et industrielle, qui, sans cela, ne pourraient même pas, pour la plupart, fournir du pain à leurs citoyens, consentiraient à se laisser réduire à l'impuissance et à la famine ? Comment supposer que l'Angleterre, la France, l'Allemagne et l'Italie, malgré leurs divisions, fussent politiquement assez imbéciles, le mot n'est pas outré, pour permettre l'union de l'Amérique sous un même gouvernement ? Un pareil État deviendrait en effet le maître du monde ; il dominerait sur les deux océans, ruinerait bientôt la vie industrielle des autres peuples, tarirait la source de leur richesse et de leur puissance. « Les États-Unis sont déjà aujourd'hui, au point de vue agricole, la contrée qui produit la plus grande somme de denrées alimentaires et de matières premières ; au point de vue minier, la plus riche en combustible et en métaux précieux et usuels ; au point de vue industriel, la manufacture la plus vaste et la mieux outillée ; au point de vue commercial, le foyer d'activité incessant et mobile d'une des nations les plus entreprenantes ». C'est ainsi que s'exprime M. E. Levasseur. Et M. Carnegie nous parle dans ses discours d'un futur assez approché où sa population dépassera 200,000,000 âmes. Que serait-ce donc si on lui permettait de doubler son territoire et ses ressources en annexant le Canada ?

L'intérêt et le devoir manifeste de l'Europe est de favoriser le développement en Amérique d'une puissance qui deviendra le contrepoids des États-Unis. Le moment arrive et rapidement où il faudra s'occuper de fonder l'équilibre américain. Ce fut là un des arguments les plus remarquables que firent valoir à l'appui de leur oeuvre les pères de la confédération canadienne ; la justesse de leur raisonnement est plus apparente aujourd'hui qu'en 1867, elle le deviendra chaque jour davantage.

Ce contrepoids, dont le monde a besoin en Amérique, ne saurait se constituer au Mexique, trop faible, ni dans l'Amérique méridionale, trop divisée. L'Amérique espagnole et l'Amérique portugaise sont sans doute appelées à jouer plus tard un rôle important dans l'équilibre américain, mais si l'on en excepte l'Argentine et le Chili, qui sont bien loin du foyer de notre vie continentale, la condition politique et économique de ces pays ne nous permet guère d'espérer qu'ils entreront en lice avant longtemps. Le Canada seul, si rien ne vient arrêter son essor, semble devoir fournir les éléments d'une grande puissance continentale. Ayant devant nos yeux la perspective d'une pareille destinée, il n'est pas étonnant que la seule idée de la voir s'évanouir inspire aux Canadiens une véritable crainte.

Ce sentiment n'exclut pas l'admiration que nous éprouvons pour la grande république limitrophe où bouillonne un peuple cosmopolite. Sa qualité saillante est l'énergie, et on l'accuse de trop d'âpreté dans la poursuite de la richesse matérielle. Mais il est aussi faux de dire que l'Américain adore uniquement le dollar que de prétendre que les Anglais sont une nation de 'boutiquiers. Le peuple qui a donné naissance à l'auteur d'Évangéline, qui possède déjà une littérature plus brillante et plus variée que la nôtre, de grands hommes d'État, des savants, des penseurs, une population universitaire de plus de 50,000 étudiants, ne manque pas de vie intellectuelle. Un peuple où des foules immenses entourent les grands orateurs et où la presse a pris un développement jusqu'ici inconnu, n'est pas dépourvu d'esprit public. C'est un grand et noble peuple que celui des États-Unis, un peuple éminemment civilisateur et chez lequel la question sociale a déjà sur plusieurs points trouvé de très intéressantes solutions. Nous devons admirer ses vertus et rechercher son amitié. Mais jamais nous ne pourrons nous fondre en lui parce que nous sommes différents, que notre âme n'est pas son âme, et que la Providence nous réserve évidemment une mission autre et non moins noble que la sienne.

Sans parler des mœurs publiques et privées qui ne sont pas les mêmes, ni du système de gouvernement qui semble bien supérieur dans notre pays ; sans invoquer les différences d'origine très réelles, ni évoquer les luttes d'autrefois où les Canadiens eurent maintes fois à combattre ce formidable ennemi, nous découvrons dans la formation américaine des deux peuples, et dans les conditions géographiques et économiques où ils se trouvent respectivement placés, des raisons suffisantes pour étayer cette opinion.

Peut-on concevoir une différence plus absolue que celle qui existe entre le développement des États-Unis et le nôtre ? Nés d'hier, les États-Unis sont déjà une des organisations politiques les plus puissantes du monde. À peine le drapeau étoilé fut-il arboré sur son sol, qu'on vit y accourir, comme autrefois à Rome, les déshérités du monde entier. Ils se jetèrent d'abord sur cette riche terre comme sur une proie, et c'est ce qui a donné cours au dicton que ce drapeau arboré au début grâce à l'assistance du peuple le plus intellectuel de l'Europe, abrite sous ses plis la population la plus matérialiste de l'Amérique. L'antithèse n'est pas vraie. Les descendants des émigrants d'Europe se sont ennoblis par l'amour de la patrie. Ce sentiment est peut-être encore plus vif là-bas qu'ici, par suite de causes que la science sociale peut facilement déterminer.

Nous sommes aujourd'hui, au Canada, quant au chiffre de la population, ce que seraient les États-Unis s'ils n'avaient pas reçu cet immense appoint étranger. Nous avons crû lentement, par la multiplication normale de nos éléments primitifs. Nous devons tout d'abord connaître à fond ces éléments et nous rendre bien compte de l'évolution des races sur la terre canadienne, si nous désirons nous faire une idée juste de l'état de notre pays et déterminer la direction qu'il convient d'imprimer a notre effort social et national.

La nature applique ses immuables lois de façon à créer sur la terre une incessante variété. Nos sociétés humaines n'échappent pas à la règle commune. Les peuples se succèdent, issus les uns des autres, mais chaque essaim qui se détache de la ruche mère devient un peuple nouveau. Tout être vivant finit par s'adapter au milieu où le créateur l'a placé. Les peuples se diversifient suivant les conditions matérielles et morales dans lesquelles ils vivent. L'Espagnol et l'Anglais, entourés de toutes parts par l'océan en deviennent tour à tour les dominateurs. Le Français, posé en vedette aux extrémités du continent d'Europe, ayant à résister aux envahissements de plusieurs peuples, l'esprit constamment en éveil, devient le plus vif et le plus civilisé des Européens. L'Allemand, moins inquiet, est plus calme, moins positif, sa civilisation moins intense est plus concentrée. Le Polonais est triste et tourmenté comme son pays, le slave, sauvage au fond comme ses grandes steppes, se réveille et rêve de vastes conquêtes.

Ces nations, comme les plantes, ont jeté au loin leur semence, mais suivant l'endroit où elle est tombée, le fruit s'est modifié. Ainsi, il n'est pas exact de dire qu'on retrouve l'Espagne au Mexique, une Angleterre rajeunie aux États-Unis, une France nouvelle sur les bords du Saint-Laurent. Que ces peuples parlent l'espagnol, l'anglais, le français, qu'ils conservent beaucoup de choses de la mère-patrie, cela ne les empêche pas d'être des peuples différents. Le Mexicain se modifie, à son détriment, par un certain mélange de sang indigène ; l'Américain, issu de toutes les races de la terre et des individus les plus aventureux de ces races, est remuant et insatiable comme ses ancêtres directs.

Si, comme le croyait si fermement Beaconsfield, la pureté d'une race est le facteur le plus important de sa puissance d'expansion et de sa force intellectuelle, le Canada nous semblera en meilleure posture que ses voisins. Notre pays nous offre jusqu'à présent le spectacle de deux races grandissant lentement côte à côte, et sans infusion très notable de sang étranger ; et cela est particulièrement vrai pour les Canadiens d'origine française. Ces deux races représentent les deux grandes civilisations mères du monde moderne, dont l'une incarne la pensée et l'autre l'action. Non pas que l'une reste inactive ni que l'autre ne pense guère ; nous ne parlons, bien entendu, que du caractère dominant de chacune. Assurément, le contraste entre le mode de notre développement et de celui des Etats-Unis est bien frappant. Est-il possible que dans des conditions si dissemblables, le caractère des deux peuples ne soit pas très différent.

N'est-il pas évident, pour quiconque a suivi dans l'histoire le développement des nationalités et des races, que le peuple de croissance lente, dont les traditions sont nécessairement plus stables et plus profondes, dont le caractère se forme graduellement, dans un climat où se retrempent constamment par l'effort les énergies humaines, n'est-il pas évident, disons-nous, qu'un tel peuple, pourvu qu'il lui soit permis de suivre son évolution naturelle, deviendra avec le temps, et plus tôt qu'on ne pourrait le croire, un instrument de civilisation destiné à faire faire à l'humanité un pas en avant ? Telle est du moins notre pensée, que si les États-Unis sont l'empire romain, le Canada est la Gaule que Rome peut conquérir, mais qu'elle ne pourra jamais complètement romaniser ; elle se relèvera toujours elle-même, quand la tempête sera apaisée.

La conquête ne pourrait que retarder notre évolution et c'est pour cela que notre instinct national nous porte à la craindre. C'est du reste la liberté nationale seule qui nous préoccupe réellement, car la liberté individuelle est partout aujourd'hui assurée sur le continent d'Amérique. Pour éviter ce malheur, nous ne devons pas négliger les appoints extérieurs, mais nous ne les obtiendrons que si nous savons nous aider nous-mêmes en développant au plus haut point les facultés intellectuelles des Canadiens et les ressources matérielles du Canada. En un mot, il nous faut avant tout être patriotes.

Nous verrons plus tard ce qu'il faut entendre, selon nous, par ces mots : patrie, patriotisme. Constatons seulement ici que l'esprit patriotique, dans son sens large, n'est pas encore suffisamment répandu parmi nous. Cela tient sans doute, en partie, à ce que notre population se compose de deux races parlant des langues différentes. Cette circonstance peut devenir une source de force ou une cause de faiblesse, suivant que ces deux races vivront ensemble en bonne ou en mauvaise intelligence. L'harmonie qui doit régner entre elles n'est pas, comme on le croit souvent, entièrement une affaire de sentiment. On ne l'obtiendra jamais en méconnaissant les aspirations légitimes et en étouffant la vitalité d'une partie de la population. Cette harmonie ne dépend pas non plus uniquement ni principalement du bon sens des individus qui composent ces races. La bonne volonté de part et d'autre peut contribuer puissamment au résultat désiré, mais le principal, le vrai facteur, c'est la condition économique de chacune.

La gêne engendre la discorde, la jalousie et les querelles dans les sociétés politiques comme dans les ménages ; et nous n'entendrions pas si souvent parler de guerres et de désordres dans l'Amérique méridionale si les peuples de ces contrées vivaient dans de bonnes conditions économiques.

Un jour viendra dans la suite des temps, où les deux races qui composent la population canadienne, et qui, ainsi que nous le constaterons, ont déjà tant fait en commun malgré la différence d'origine, finiront par se fusionner. Toutes les deux laisseront sur leur pays une empreinte indélébile. Chacune imposera à l'autre quelque chose de son caractère, de ses institutions, de ses mœurs, de sa langue. Mais si l'une l'emporte sur l'autre, ce ne sera pas nécessairement la plus nombreuse. Non, ce sera celle dont les racines sont les plus profondes, dont l'idéal est le plus pur et le plus noble, la moralité la plus élevée, la langue la plus parfaite, la littérature la plus riche et la plus forte. C'est à la race dont la fortune publique sera la plus solidement assise sur de bonnes bases économiques, à celle où l'on trouvera chez les gouvernants l'intégrité, chez les classes dirigeantes une science éclairée, chez les masses populaires une éducation saine et chez tous les individus une inébranlable énergie, qu'est réservée cette consécration suprême, la gloire de collaborer nommément aux grandes conceptions humanitaires de l'avenir. Car, dit de Lanessan, « le résultat de toutes ces luttes est, en principe, la résistance des plus forts et des plus intelligents, en un mot, des mieux armés et des mieux dotés ». Il en sera ainsi. Nous ne pourrons jamais faire qu'il en soit autrement et nous ne devons même pas le souhaiter. En effet, l'histoire nous enseigne que l'émulation de deux races amies réunies sur un même territoire - chose qui se présente assez rarement, il est vrai - est une des plus puissantes conditions du progrès qui puisse exister.

Ce qui contribuera considérablement à rapprocher les deux races qui habitent le Canada, c'est le sentiment de leur solidarité en face de notre grande voisine. Nous commençons a comprendre combien il est nécessaire de nous entendre pour développer nos ressources, toutes nos ressources naturelles et nationales.

Au vingtième siècle, en effet, nous ne verrons plus sur la terre de champs sans maître. Celui qui n'exploitera pas son patrimoine s'en trouvera bientôt dépossédé. Celui qui cheminera lentement par les sentiers battus se trouvera promptement dépassé. L'esprit envahisseur moderne, cette manifestation sociale qu'on voudrait confondre avec le Patriotisme, est né de l'industrialisme débordant qui s'est emparé des vieilles civilisations. Or, comme il faut combattre avec les armes de son siècle, c'est aussi par l'expansion que les peuples situés industrielle, tant manufacturière qu'agricole, comme nous le sommes, qui possèdent de vastes territoires qu'ils peuvent difficilement défendre par les armes, échapperont peut-être à la conquête.

Il reste donc acquis que si nous voulons accomplir nos destinées, il nous faut chercher, pour les appliquer à notre pays, les meilleures solutions industrielles et sociales. Pour cela il est tout d'abord essentiel de savoir où en est aujourd'hui la question sociale. C'est ce que nous examinerons brièvement dans la prochaine étude.

Chapitre 2 : Un mot sur la question sociale

Importance de la question sociale - Il est du devoir de tous les citoyens de s'en occuper - Le socialisme théorique et la véritable science sociale - La constitution canadienne est de nature à faciliter les solutions sociales - Rôle des gouvernements provinciaux.

Dans la précédente étude nous avons parlé de la nécessité de rechercher les meilleures solutions de la question sociale moderne, pour les appliquer à notre pays. C'est dire que nos études se borneront pour le moment à une partie bien restreinte des questions importantes qui agitent de nos jours le monde civilisé. Dans les limites circonscrites de notre société encore en formation, il est permis d'espérer que nul obstacle insurmontable ne s'opposera a une solution avantageuse. Cependant nous ne devons pas nous flatter de la trouver du premier coup. Elle se fera peut-être longtemps attendre. C'est pour cela qu'il est urgent que nous nous familiarisions avec les difficultés qu'elle présente et que nous prenions les devants en tout ce qui intéresse notre avenir.

Pour avoir une idée de la grandeur et de la multiplicité de ces difficultés, il suffit de jeter un coup d'œil sur ce qui se passe ailleurs. Nous voyons des sociologues et des économistes qui ne s'entendent pas sur les principes, encore moins sur les solutions, ne s'accordant que sur un point : c'est que la civilisation occidentale, c'est-à-dire celle des races d'origine européenne, entre dans une phase nouvelle et inconnue. [1] L'œuvre sociale inaugurée au dix-huitième siècle est à peu près terminée. Dans les pays d'Europe et d'Amérique l'esclavage et le servage n'existent plus. Il n'y a plus guère de classes privilégiées devant la loi. Presque partout, même en Russie, le despotisme a fléchi devant le système représentatif, au moyen duquel le peuple dicte ou croit dicter ses lois ; ce qui, souvent, n'empêche pas la populace d'avoir faim. Les classes moyennes émancipées ressentent déjà la poussée des masses prolétaires. Celles-ci sont encore souffrantes, mais non plus impuissantes ; elles ont l'arme du suffrage, la clarté encore faible et vacillante d'une instruction imparfaite et qu'une saine éducation ne vient pas encore diriger. Le peuple organisé se dresse partout en face du capital qui s'organise à son tour, et du choc redoutable de ces deux forces opposées il résulte tout d'abord, parmi les nations les plus nombreuses, une expansion industrielle qui submerge tous les antiques points de repère de la société et prépare l'univers à la révolution nouvelle. L'effort intense de la lutte sociale, se manifestant sensiblement dans le merveilleux développement des sciences pratiques, nous fait voir en même temps combien cet effort est utile et nécessaire aux civilisations humaines. Enfin, les fortunes individuelles s'accumulent toujours plus grandes, et l'état de dépendance des travailleurs, état qui conduit fatalement à la misère publique, devient de plus en plus insupportable à mesure que les masses plus policées comprennent mieux leur force et sentent croître leurs besoins. Et c'est sur le continent américain et tout près de nous que tout cela se fait le plus vivement sentir.

Nous voyons des publications relativement conservatrices, comme la *North American Review,* proclamer que les grandes fortunes sont une calamité publique et que personne aux États-Unis ne devrait jouir d'un revenu plus considérable que le traitement du président de la République.

Voici l'argument dont on appuie cette thèse : Les lois sur la propriété ne reposent que sur l'avantage général, car en fin de compte,

1 Ceux qui voudront lire la vie de saint Bernard de Clairvaux, cet homme juste et sans tache, ce génie transcendant, pourront, en comparant son temps avec l'époque actuelle se rendre compte de toute l'étendue de l'évolution sociale, et de la différence réelle qui existe entre ces époques si éloignées.

un pays appartient à tous ses habitants et non pas à quelques-uns seulement. Or, dans un pays libre, ce sont les votants qui décident de la distribution de la propriété. Comme l'a dit Daniel Webster, il n'est pas possible que le prolétaire soit favorable à une loi qui met entre les mains de son voisin des valeurs qui dépassent énormément les besoins de celui-ci.

Telle est, en quelques mots, la situation économique moderne et l'état d'âme du prolétariat dans presque tous les pays, sans en excepter le nôtre. Et qui oserait dire qu'au fond des aspirations ainsi manifestées, il ne se trouve pas des éléments de justice ?

Ces phénomènes, que les économistes classiques n'ont pas su prévoir, les jettent, il faut le dire, dans un véritable désarroi. Distancés par l'évolution sociale, ils font pour la rattraper des efforts qui manquent quelquefois de dignité. D'autre part, les socialistes, ceux de l'école de Karl Marx surtout, triomphent, car ils se sont montrés, eux, meilleurs prophètes. Ont-ils donc raison lorsqu'ils nous disent que l'évolution moderne doit nécessairement aboutir au socialisme d'État ? Comme proposition abstraite, l'idée de l'État propriétaire du capital industriel d'une nation ne semble ni immorale ni anti-sociale. Cependant, les hommes les plus éclairés nous disent qu'un tel état de choses aboutirait à une immobilité rappelant la stagnation chinoise, les populations étant privées du stimulant de l'ambition. Aussi n'insiste-t-on pas trop sur ce concept socialiste absolu. Les plus avancés, en Angleterre, se contentent, pour le moment, de la reconnaissance officielle des « trade-unions » et du contrat collectif du travail. En France, on demande le salut à un système coopératif, en vertu duquel les ouvriers deviendraient eux-mêmes les patrons industriels. La même tendance se manifeste aux États-Unis, mais elle y est moins accentuée.

Au fond de tous ces projets de réforme sociale on retrouve une même pensée qui ne manque pas de grandeur, puisqu'elle est altruiste et fraternelle, c'est-à-dire chrétienne. L'homme, s'écrie-t-on avec Ruskin, est aujourd'hui quelque chose de plus qu'un animal égoïste et accapareur, et le sentiment de la solidarité humaine suffira pour inspirer aux peuples de sages solutions sociales. Peut-être a-t-on raison. Ce rêve se réalisera sans doute. Mais le moment de son accomplissement est-il venu ? Les masses sont-elles socialement assez avancées pour se passer d'une direction patronale ?

Errol Bouchette

Voilà ce qui est douteux et voilà d'où pourrait naître le danger si une orientation fausse venait à prévaloir parmi les fourmilières humaines qui peinent sur les deux continents, et même si quelque principe vrai était saisi et torturé par des visionnaires sociaux. Il ne faut pas un grand effort d'imagination pour se représenter les bouleversements terribles auxquels cela pourrait donner lieu. C'est sans doute la science sociale, c'est-à-dire l'observation méthodique des sociétés, qui fournira les véritables données du problème et qui permettra de le résoudre un jour définitivement [1].

On ne nous accusera pas d'exagérer l'importance de la question sociale, on conviendra du devoir qu'ont tous les peuples, et surtout les classes dirigeantes, de s'en occuper sérieusement, si l'on veut bien se souvenir de l'attention spéciale que lui accordait Léon XIII. Son successeur au trône pontifical partage assurément ce souci, puisqu'un de ses premiers actes a été de résumer les grandes encycliques sur la question sociale. De graves considérations ont inspiré ces actes importants. Les divers gouvernements du monde l'ont bien compris et ils ont tenu à donner à ces monuments de science catholique toute la publicité possible.

Mais la plupart des socialistes sont, eux aussi, très sérieux. Il ne faut pas révoquer en doute leur bonne foi ni condamner sans les examiner toutes leurs théories. Les forces imposantes qu'ils déploient en Allemagne et en France prouvent bien qu'il va falloir bientôt compter avec eux. Ce serait d'autre part une profonde erreur que de croire qu'ils ont peu d'adeptes dans les pays anglo-saxons.

Voici ce qu'il en est pour l'Angleterre. En 1895, M. Robert Blatchford, directeur du journal *Clarion*, publié à Londres, lançait un livre socialiste qui était en fait une tentative de réponse aux Encycliques. Il s'en vendit 875,000 exemplaires, la première année,

---

1 Pour se convaincre des dangers réels qu'offre l'état social existant dans la république voisine, on peut lire le livre de M. Paul Ghio, *L'anarchisme aux États-Unis*. On peut y voir comment un faux altruisme conduit souvent à de dangereuses absurdités et même a l'anarchisme intellectuel ou insurrectionnel, à la démolition de toute société civilisée par le livre ou par la bombe. Les conclusions de l'auteur méritent d'être méditées, puisqu'il y dit que l'Amérique précédera l'Europe dans la voie de la réforme sociale. C'est nous dire à nous Canadiens que nous avons le devoir de coopérer activement à l'œuvre sociale et de chercher à lui imprimer une saine direction.

en Angleterre ! sans compter un nombre immense aux États-Unis. De tels faits se passent de commentaires surtout à la lumière des convulsions terribles où se débat en ce moment la Grande-Bretagne.

Il est donc de toute évidence que nous devons nous occuper de la question sociale et économique. Nous devons nous efforcer de trouver les solutions qui conviennent à notre pays. Donner à notre peuple l'organisation qu'il lui faut pour le rendre apte à produire et capable de se défendre, n'est-ce pas là pour nous la mission la plus sacrée ? Pour cela, il ne suffit pas de lire, il faut surtout penser par nous-mêmes. « l'Économique, dit M. Edgard Milhaud, de Genève, doit dégager des phénomènes leurs lois, montrer, par delà la donnée empirique, ses causes. A cet effet, après l'observation et la constatation, la généralisation et l'induction sont nécessaires. Comment généraliser, induire, établir des lois ? Dans les sciences physiques, d'après l'observation de certains faits, on détermine au moyen de divers procédés expérimentaux, les lois qui les régissent. En économie politique, dans la plupart des cas, il est impossible d'expérimenter, et cela l'est surtout lorsqu'il s'agit de découvrir les éléments. Comment faire alors ? C'est ici qu'intervient l'activité pure de l'esprit, son travail propre sur les données de l'observation, l'exercice de ses facultés abstractives ». C'est cette raison, ce sens commun pratique que nous devons appliquer à notre travail si nous voulons étudier avec fruit les besoins sociaux et économiques du Canada.

Les économistes de la nouvelle école anglaise nous disent que les difficultés de l'heure présente - difficultés qui, chez nous, n'ont pas encore atteint la période aiguë - tiennent à ce que l'évolution démocratique n'est pas encore complète. La libération politique des masses est un fait accompli, ou peu s'en faut ; leur libération sociale ne fait que commencer. Il est facile de constater, en regardant autour de nous, la vérité de cette observation. Ainsi, il serait absurde de prétendre que dans notre organisation sociale actuelle, tous les hommes jouissent de conditions égales, au début, et que tous peuvent espérer d'atteindre la situation que comportent leurs talents.

L'ancienne doctrine du « laisser faire », inventée par Quesnay et adoptée d'une façon moins absolue par Adam Smith, ne suffit pas. Les générations futures souriront à la pensée que nous regardions notre système actuel comme celui de la libre concurrence, où chaque homme peut arriver à occuper la place qui lui convient et où il peut exercer ses facultés dans leur plénitude sans être arrêté par les difficultés extérieures. Peut-être l'humanité n'atteindra-t-elle jamais cet état idéal, mais elle peut au moins aspirer à s'en rapprocher, de même que dans les associations religieuses on tend vers la perfection divine sans prétendre en approcher sensiblement. À l'heure qu'il est le très grand nombre entreprend la lutte dans des conditions qui rendent la réussite absolument impossible, quels que puissent être d'ailleurs le mérite et le talent naturel de l'individu. On a dit souvent, et avec raison, que les occupations où une instruction supérieure est requise deviennent de plus en plus nombreuses. On oublie que, dans les conditions actuelles de la société, tout le monde n'est pas en mesure d'acquérir cette instruction spéciale. Les privilégiés, les riches seuls peuvent y avoir accès. La règle d'exclusion pour les masses demeure donc aussi rigoureuse qu'auparavant. Dans l'état actuel des esprits cela ne saurait durer. Les hommes, individuellement et collectivement, se révoltent contre les infériorités artificielles dès qu'ils se sentent assez forts pour les faire disparaître [1].

Les économistes dont nous analysons ici la doctrine tirent de ce qui précède des conclusions qui paraissent justes. Pour rendre la situation meilleure, pour continuer l'évolution qui est la tendance caractéristique de notre civilisation et sans laquelle elle devra nécessairement rétrograder, il faut rendre plus élastiques les principes

---

1 Cette remarque ne s'applique pas aux individus seulement. Il s'en trouve des exemples singuliers dans les rapports entre les peuples. On se demande quelquefois pourquoi les projets des ultra-impérialistes anglais trouvent si peu de faveur aux colonies. C'est en partie » parce que ces projets auraient pour effet de supprimer partiellement la libre concurrence. D'après eux, si nous nous attachons au fond de leur pensée, les colonies, renonçant pratiquement aux industries manufacturières, devraient fournir à l'Angleterre toutes les céréales et tous les produits alimentaires dont elle a besoin et qu'elle ne produit pas. L'Angleterre, de son côté, fournirait aux colonies tous les produits manufacturés, à l'exclusion des pays étrangers. Cette proposition nous fait voir comme à travers un verre grossissant la partie importante de la question sociale que nous examinons. Si nous voulons y réfléchir nous devrons en effet admettre qu'il est aussi impossible de supprimer indéfiniment l'essor des individus qui composent le corps social qu'il le serait de restreindre le développement social des nations qui composent l'Empire britannique.

Chapitre 2 : Un mot sur la question sociale

anciens de la science et modifier quelque peu le concept ordinaire du rôle de l'État dans le développement économique des peuples. Comme on le voit, ces économistes abandonnent quelque chose des vieux principes qui ont longtemps prévalu en Angleterre, pour se rapprocher davantage des idées continentales. Il est important de ne pas oublier que cette doctrine est l'antithèse même de l'idée socialiste et qu'elle n'est pas contraire à celle de l'idée économique classique basée sur le principe de la concurrence. Elle tend, en effet, à rendre la concurrence plus intense, puisqu'un plus grand nombre d'individus seraient appelés à y participer. Seulement elle commence par assurer à tout le monde le pain, le travail et l'instruction, ce qui permet à chacun de vivre, et aux plus capables de s'élever. Dans les sociétés de l'avenir, l'existence sera assurée à tous ; on luttera sur un terrain plus élevé, pour la supériorité. Le socialisme théorique, au contraire, se base sur la suppression de toute concurrence, il voudrait la vie sans l'effort et une quiétude qui dégénérerait en décadence.

Admettons que tout ce qui tend vers un état social où il serait possible à chacun d'arriver par son travail à la condition que comporte son talent, serait avantageux pour un pays, admettons que tout ce qui intensifie la concurrence et augmente le nombre des concurrents instruits et préparés, accroît la richesse et la population de ce pays, - il nous faudra bien l'admettre, car nous en donnerons la preuve irrécusable aussi bien que des exemples des effets désastreux de la condition contraire. - Admettons cela et nous devrons admettre aussi que ces conditions ne peuvent exister sans un système qui prépare tous les jeunes gens au rôle de citoyens actifs et militants. Et dans un pays comme le nôtre où tant est à faire, et à faire rapidement, si nous voulons avoir la garantie absolue de notre survivance en tant qu'entité politique distincte en Amérique, la réforme ne peut s'opérer sans une impulsion donnée soit directement, soit indirectement, par la volonté collective des citoyens, c'est-à-dire par l'État.

C'est du reste la doctrine des Encycliques. « Pour faire atteindre à la société dont ils sont les chefs la fin qu'elle poursuit, les dépositaires du pouvoir civil doivent : 1. S'appliquer à éloigner tous les dangers qui menacent la sécurité. 2. Aider au développement des ressources naturelles de leur propre pays... 1. En stimulant le zèle de ceux qui les exploitent. 2. En encourageant tous les travaux qui peuvent contribuer au progrès de l'agriculture, du commerce, de l'industrie, etc... » [1]

Chapitre 3 : La terre canadienne et ses habitants

Étendue territoriale de la confédération - Comparaison avec d'autres pays - Population et ressources des régions de l'Ouest, du Centre et de l'Est - Avantages agricoles et industriels -Importance primordiale de la forêt.

Nous nous sommes attachés jusqu'ici à fixer brièvement certaines des conditions fondamentales, politiques et sociales, qui existent au Canada. Jetons maintenant un coup d'œil général sur notre territoire et sur la population qui l'habite, profitons des volumineuses statistiques que met à notre disposition le dernier recensement pour faire un peu de géographie sociale. Nous en userons du reste sobrement et en les condensant autant que possible.

Chacun sait que le Canada est, par l'étendue, un des plus grands pays de la terre. Le tzar de Russie règne sur *8,660,000* milles carrés du globe ; les États-Unis d'Amérique, avec leurs colonies, en réclament *3,786,000 ; le* Canada vient en troisième lieu avec *3,725,000* milles carrés de territoire. Toutes les autres unités politiques du globe sont de proportions moins vastes, sans en excepter la Chine et l'Australie.

C'est en présence de ces chiffres que l'on comprend la position unique dans les annales du monde de ce souverain qui règne, par delà les mers, non seulement sur le Canada, mais sur des pays comprenant onze millions de milles carrés et nourrissant plus de trois cent millions d'habitants. Et si l'on réfléchit que, sauf en Asie, cet empire n'est point maintenu par la force des armes, mais par un lien unique de devoir et de loyauté, l'on devra convenir que c'est là un exemple frappant de la sagesse dont sont capables les sociétés humaines lorsqu'elles ont le sentiment qu'elles sont libres et responsables de leurs actes publics.

1 Manuel du citoyen catholique, ouvrage spécialement recommandé par NN. SS. les Évêques de la Province de Québec.

Nous savons d'autre part que notre territoire immense compte à peine deux habitants par mille carré, et qu'il avoisine, sur une longueur d'environ 4,000 milles, la populeuse république des États-Unis. C'est ce qui a fait dire à beaucoup de Canadiens - ce nombre, heureusement, diminue tous les jours - que notre existence nationale n'est qu'une illusion et que notre autonomie dépend du bon plaisir de nos voisins. S'il en était vraiment ainsi ces études n'auraient pas leur raison d'être, car à quoi servirait-il de favoriser l'épanouissement d'un sentiment national chez un peuple ainsi réduit à l'impuissance ? Mais la majorité des Canadiens est bien loin de partager cette triste opinion. Elle croit, au contraire, que le Canada pendant de longs siècles tiendra fièrement sa place parmi les nations du nouveau monde. L'Amérique de l'avenir verra, marchant de pair, deux grandes puissances dont l'une est déjà adulte, l'autre encore adolescente. Et c'est ainsi que se formera graduellement sur ce continent un système de contrepoids utiles comme celui qu'on appelle dans l'ancien monde le concert européen.

Au cours de ce travail, nous nous efforcerons de découvrir comment il serait possible de donner un effet pratique à ces principes, dans notre pays. Contentons-nous donc ici de faire remarquer combien la confédération canadienne est favorablement située pour travailler à la solution de ces problèmes difficiles. Dans les vieux corps politiques, le réformateur vient constamment se heurter contre le fait accompli, le droit acquis, et surtout contre les intérêts divergents de ces sociétés nombreuses. Dans notre pays ces pierres d'achoppement sont encore assez petites.

Les fondateurs de la confédération en faisant la constitution canadienne paraissent s'être attachés à restreindre autant que possible les attributions des législatures provinciales. Sir John Macdonald disait qu'en agissant ainsi, on voulait éviter une grave erreur relevée dans le pacte fédératif des États-Unis, lequel, en voulant sauvegarder le principe de la souveraineté de chaque État, laissait trop faible la législature centrale. Il fallait, suivant lui, faire pencher la balance du côté opposé. C'est la crainte fondée d'une trop grande puissance accordée à la législature centrale, qui fit naître, à cette époque, un parti hostile à la confédération. Ni d'un côté ni de l'autre on ne prévoyait que l'axe social, en se déplaçant dérangerait tous les calculs et rendrait par cela même l'œuvre bien meilleure.

Errol Bouchette

Les questions nationales modernes, nous l'avons vu, sont presque toutes d'ordre économique et industriel. Dans notre pays, croyons-nous, nous possédons tous les éléments essentiels à la grande production industrielle. Mais la population étant encore peu nombreuse, il s'ensuit que le marché indigène et l'importation qui en dépend sont nécessairement limités ; c'est pourquoi le tarif douanier n'aura point, avant plusieurs années, peut-être jamais, au Canada, l'influence décisive et vitale qu'il exerça longtemps aux États-Unis. L'influence prépondérante du tarif donna au pouvoir central américain la puissance qui lui manquait. La cause contraire produit au Canada l'effet opposé.

Sans doute, les attributions de notre gouvernement fédéral sont très amples ; elles sont suffisantes pour l'administration efficace du pays, mais chaque province n'en reste pas moins maîtresse de ses destinées. Chacune tient la clef de son avenir puisqu'elle réglemente l'instruction et les terres publiques, et qu'elle peut, par là, exercer un contrôle absolu sur la formation intellectuelle et sociale de ses habitants. Dans un sens, les provinces sont plus puissantes que l'administration centrale ; elles peuvent, même sans son concours, faire beaucoup pour leur avancement, c'est-à-dire pour l'avancement du Canada. Mais s'il arrivait aux provinces de ne pas faire leur devoir, si elles négligeaient de profiter des avantages que leur offre notre constitution pour préparer les conditions économiques et sociales qui feront, dans l'avenir, encore plus que par le passé, la base de la puissance des peuples, le pouvoir central resterait, quoi qu'il fît, impuissant et désarmé. En lui s'incarnera la grandeur nationale, mais à la condition que chaque province devienne la mère féconde de sages et utiles citoyens.

La confiance que nous pouvons avoir en notre avenir national ne doit cependant pas nous aveugler sur nos points faibles. Ils sont surtout, nous l'avons dit, la longueur et le tracé arbitraire de notre frontière et le chiffre peu élevé de notre population. Le premier est le fait de la nature, le second a pour causes notre climat, notre situation politique et certaines conditions économiques. Notre population est peu nombreuse parce que les immigrants d'Europe s'établissent en bien petit nombre ici. Il est naturel, en effet, que recherchant une nouvelle patrie, ces hommes se portent de préférence vers les contrées exemptes des longs hivers du nord comme des chaleurs accablantes des tropiques. Les pays ainsi situés devaient se peupler avant le Canada.

Notre situation politique aussi éloigne l'émigrant. Il faut vivre au Canada pour comprendre la liberté canadienne. Les étrangers ne s'en rendent pas bien compte. L'Irlandais qui s'exile recherche le drapeau étoilé ; l'Allemand, lItalien, le Français, etc..., préfèrent, en s'expatriant, ne pas retomber sous le drapeau d'une autre puissance européenne. Le courant de l'émigration s'est donc porté vers la république voisine, laquelle a ajouté à l'immigration volontaire venant d'Europe, l'immigration forcée. Les descendants des noirs importés d'Afrique pour servir de bêtes de somme, forment, à eux seuls, une population qui dépasse du double toute celle du Canada.

Personne ne conteste que notre frontière du sud ne soit un de nos points faibles. Cela a failli tout récemment servir de prétexte à un coup d'État. Cependant cet inconvénient, réel aujourd'hui, diminue d'année en année ; il disparaîtra bientôt. Lorsque le Canada aura acquis son complet développement, cette longue frontière deviendra une bien plus grande faiblesse pour sa voisine, car de tout temps la tendance envahissante a été du nord au sud, de l'est à l'ouest. C'est ainsi que tandis que les Américains peuplent l'Ouest Américain, les Ontariens, l'Ouest canadien, les Canadiens français se répandent dans l'Ontario et dans la Nouvelle-Angleterre. Tout porte donc à croire que ces mouvements de population seront graduels et pacifiques et que deux peuples libres et éclairés pourront s'entendre sans se détruire.

Nous parlerons plus tard de cette éventualité possible. C'est la seule qui puisse nous faire regretter pour le moment la faiblesse numérique de notre population. A cela près, nous ne croyons pas que la lenteur de notre croissance soit un désavantage au point de vue social et national. Le nombre est utile pour le présent, la qualité est essentielle pour l'avenir. À ce point de vue, ce qui a été pour nous un véritable désastre, ce qui a réellement retardé nos progrès, c'est la cruelle saignée que nous a fait l'industrialisme américain. Il est certain que près d'un tiers de notre accroissement naturel nous a ainsi échappé. Nous ne sommes que six millions. Nous devrions être huit ou neuf millions. Ce n'est ni notre climat ni notre drapeau qui ont donné lieu à cet exode de nos enfants. Ils étaient attachés comme nous le sommes à notre beau pays, et sur la terre d'exil

Errol Bouchette

un grand nombre d'entre eux en conservent encore un affectueux souvenir. Ils sont partis parce que nous les avons chassés. Au sein de richesses incalculables nous n'avons pas su leur fournir le travail et le pain. Nous les suivrons plus tard dans les villes manufacturières où ils se sont groupés et nous leur parlerons de la patrie où nous voudrions les voir revenir, avec les qualités acquises là-bas. Mais occupons-nous tout d'abord de ceux qui sont restés sur notre sol. Ceux-là souffrent moins sans doute qu'aux jours sombres de l'émigration. Cependant ce mal n'est présentement qu'enrayé ; il faut l'extirper à jamais. Nous y parviendrons si nous savons étudier notre territoire et nos ressources, car, les connaissant, nous voudrons certainement en tirer un parti sage et utile. Or, vouloir c'est pouvoir dans presque tous les cas, dit la sagesse des siècles. Les brèves remarques que nous consignons dans cette étude seront peut-être de quelque utilité aux jeunes gens qui s'intéressent à cette grave question.

Le territoire canadien se divise naturellement en trois régions longitudinales, contenant des groupements de population bien distincts. Nommons-les respectivement : la région orientale, la région centrale et la région occidentale.

La région orientale comprend les provinces du Prince-Edouard, de la Nouvelle-Écosse, du Nouveau-Brunswick et de Québec, soit une superficie de *1,258,431* milles carrés. Elle est plus vaste que tout l'empire allemand y compris ses colonies. Il est vrai que les territoires du nord, encore pratiquement inexplorés et peu productifs, comptent pour *854,961* milles carrés dans ce chiffre. Cette région contient plus du tiers de la population du Canada. On peut diviser cette population comme suit au point de vue des origines et de la langue ;

L'augmentation dans les trois premières provinces n'étant que de *43,385*, tandis que Québec accuse un surcroît de *353,814* ; l'augmentation de la population d'origine française dans celles-là faisant plus que contrebalancer celui de la population de langue anglaise dans celle-ci, nous pouvons, en restant en deçà de la vérité, établir la population suivante pour le recensement de *1911* :

Population d'origine et de langue française *1,816,769* Population d'origine et de langue anglaise *1,122,756*

D'origine et de langue française
(Recensement de 1901)

Prince-Edouard	13,866
Nouvelle-Écosse	45,223
Nouveau-Brunswick	80,042
Québec	1,323,824
	1,462,955

D'origine et de langue anglaise ou étrangère
(Recensement de 1901)

Prince-Edouard	89,378
Nouvelle-Écosse	414,351
Nouveau-Brunswick	251,078
Québec	325,064
	1,079,871

Il faut ajouter à ces chiffres une quinzaine de mille âmes représentant les indiens, les pêcheurs, les chasseurs et les traitants dans les territoires. La population se divise encore en rurale et urbaine comme suit, toujours d'après le même recensement [1] :

	Pop. rurale	Pop. urbaine
Prince-Edouard	91,179	12,080
Nouvelle-Écosse	375,074	84,540
Nouveau-Brunswick	269,398	61,722
Québec	1,171,211	477,687
	1,906,862	636,029

---

1 Nous n'avons pas encore la population rurale en détail pour ces régions ; en bloc, pour tout le Canada, elle se subdivise comme suit, suivant le rapport du recensement : « En 1911, la population rurale était de 3,924,083 et la population urbaine de 3,290,383. En 1901, la population rurale était de 3,369,018 et la population urbaine de 2,002,297. L'augmentation de la population rurale en dix ans est donc de 555,065 et celle de la population urbaine de 1,278,086, soit 16.48 pour cent pour la première et 63.83 pour cent pour la dernière ». Nous pouvons voir ici incidemment une des causes de l'augmentation du coût de la vie.

Errol Bouchette

La population urbaine est répartie entre vingt-quatre villes de plus de cinq mille habitants. Dans la province de Québec, la population de langue anglaise se concentre surtout dans les villes ; on compte près de cent mille personnes de langue anglaise à Montréal seul, en comprenant la population de la ville de Westmount. Dans les autres provinces de la région orientale, il n'y a presque pas de population française dans les villes.

La population rurale occupe plus de vingt-cinq millions d'acres de terre ; mais les terrains en culture ne s'élèvent qu'à *6,756,411* acres, cultivés par *225,855* cultivateurs dont *210,554* sont propriétaires. La valeur totale du produit de ces terres pendant l'année du recensement, en tenant compte des produits laitiers, fut d'un peu plus de *$135,482,000* dont *$98,000,000* produits dans la province de Québec. Cette même année, les mines de la région produisirent *$12,668,000* dont neuf millions dans la Nouvelle-Écosse et trois millions dans Québec. L'industrie de la pêche donna un revenu de *$13,604,000* dont sept millions dans la Nouvelle-Écosse, et celle des forêts *$25,661,000*. Soit un revenu total de ces quatre chefs de *$187,415,000*. Ajoutons le revenu des industries de la région s'élevant à *$205,179,685* dont *$158,287,994* pour Québec, et nous constatons pour la région un revenu total de *$392,594,685*. [1]

La région centrale se compose des provinces d'Ontario et de Manitoba, soit une superficie de *804,810* milles carrés, dont *334,394* pour les provinces. C'est à peu près l'étendue de l'empire portugais y compris ses possessions d'Afrique.

Ce rapprochement nous ramène incidemment à penser aux avantages que comporteraient un système d'équilibre continental. Il est bien évident que le Portugal serait à la merci de chacune des grandes puissances sans l'équilibre européen qui tient chacune à sa place. La garantie est sérieuse pour les pays faibles, et le Canada devra rester dans la catégorie des faibles pour quelques années encore. Mais c'est là une digression.

La population de cette région était, en *1911*, de *2,978,822*. La province d'Ontario à elle seule comptait pour *2,523,298* dans ce chiffre. La population rurale, en *1901*, de la région comptait *1,754,994* et la population urbaine s'élevait à *683,164* répandue dans trente et une

---

1 On peut évaluer ce revenu en 1911 à plus de $500,000,000.

villes de plus de *5,000* âmes. La population d'origine et de langue française dans cette région n'est que d'environ *224,000,* sans tenir compte des métis de langue française du Manitoba. Sauf une vingtaine de mille Canadiens français qui habitent la capitale fédérale, Ottawa, et quelques groupements peu nombreux à Toronto et à Windsor [1], la population de langue française de l'Ontario et du Manitoba est presque exclusivement rurale. Nous verrons quel rôle social elle est appelée à y jouer.

La population rurale de la région du centre occupe plus de trente millions d'acres de terre. Les terrains en culture comprennent *11,953,530* acres, cultivés par *217,227* cultivateurs, dont *178,931* propriétaires. L'année du recensement, le rendement total des terres fut de *$221,402,000* dont *$24,450,000* pour le Manitoba et le reste pour Ontario. Il faut ajouter à ces chiffres les produits laitiers s'élevant à*$15,385,000* pour les deux provinces. Cette même année, les forêts ont produit *$22,302,000,* les mines *$10,634,000* et les pêcheries un demi-million. Total : *$269,723,000.* Revenu industriel : *$254,450,925.* Revenu total de la région : *$524,173,925.*

La région occidentale comprend les provinces de la Colombie-Britannique, d'Alberta et de Saskatchewan, le territoire organisé du Yukon et deux vastes territoires non organisés, ceux d'Athabaska et de Mackenzie. Elle est de beaucoup la plus considérable par son étendue qui est de *1,681,133* milles carrés soit un peu plus que l'étendue totale de l'empire Ottoman. Au point de vue de la population, elle était bien plus faible que les deux autres, n'ayant au dernier recensement que *336,597* habitants, y compris une notable proportion de peaux-rouges et de Chinois. Elle se peuple encore très rapidement, par suite surtout de l'immigration de cultivateurs venus de l'Ouest américain où les bonnes terres deviennent rares. Si l'on ne compte pas les métis français venus du Manitoba et établis sur divers points de la prairie, la population de langue française ne serait maintenant que de *33,000* âmes et son augmentation ne paraît pas très rapide. Les revenus de cette région pour l'année du recensement *(1901)* furent comme suit : Agriculture, *$20,054,000* ; *produits* laitiers, *$262,000* ; forêts, *$2,634,000* ; mines, y compris le Yukon, *$18,777,000* ; pêcheries, *$3,917,000.* Total *$45,844,000,* et

---

1 La ville de Windsor est aussi en partie canadienne-française. Près d'un millier de Canadiens français habitent Toronto.

Errol Bouchette

$67,056,000 en tenant compte des revenus industriels [1].

Aujourd'hui, on constate un accroissement de plus de *210* pour cent, la population des trois provinces et des territoires se subdivisent comme suit :

Alberta	374,663
Colombie Britannique	391,480
Saskatchewan	492,423
Territoires	25,463
	1,284,029

Le revenu de la région dépasse certainement un demi-milliard. Les chiffres détaillés ne sont pas encore accessibles.

En comprenant quelques colonnes dont nous n'avons pas tenu compte dans ce résumé, le revenu brut total du peuple canadien de tous ces chefs est de *$992,719,781* [2]. Ces chiffres, qui donnent un revenu moyen de *$925* par famille sont bien loin d'indiquer un pays qui souffre de pauvreté. Cependant, comme on l'a dit souvent, la statistique est trompeuse et les plus belles généralisations ne supposent pas toujours une situation économique satisfaisante, surtout lorsqu'on tient les regards fixés sur l'avenir. Il ne faudrait pas, d'autre part, conclure de cette remarque que notre intention est d'entreprendre de longues analyses statistiques. Notre but, dans ce travail, n'est pas d'épuiser le sujet, mais de mettre en évidence les points les plus importants pour notre peuple aujourd'hui en pleine croissance.

Au point de vue de la langue, ce qui est, en somme, une des meilleures indications générales de la formation intellectuelle et sociale, nous avions, en Canada, en 1901, 3,131,653 personnes dont la langue usuelle est l'anglais, et 2,212,025 personnes dont la langue usuelle est autre que l'anglais y compris 1,670,000 de langue française et 350,000 de langues allemande, hollandaise, scandi-

---

1 Environ $150,000,000 en 1911.

2 $1,320,000,000 environ en 1911.

nave, etc... [1]

Ce sont ces trois régions et les trois groupes de population qui les habitent, qu'il nous faut étudier, si nous voulons concevoir une idée juste de la condition économique actuelle du Canada, et de ce que lui réserve l'avenir. Il est évident qu'en ce moment, le groupe central et le groupe oriental sont les plus intéressants à étudier au point de vue des problèmes sociaux qui vont se compliquant à mesure qu'une population, devenant plus dense, sent davantage le coudoiement à l'intérieur et la poussée de l'extérieur. L'Ouest Canadien est encore dans la période de formation pour ainsi dire primitive. Son avenir dépendra d'une foule de causes, dont la principale et celle sur laquelle nous pouvons exercer une influence réelle, est la condition économique des groupes plus anciens. C'est donc par ceux-là que nous devons commencer.

De ces groupes anciens, le plus intéressant pour nous et le plus important, croyons-nous, au point de vue sociologique, c'est le groupe oriental. Réservons donc, pour l'instant, tout ce que nous pourrions dire des merveilleuses prairies de l'Ouest. Ne nous laissons pas tenter par le littoral du Pacifique au climat délicieux, aux richesses minières inépuisables, et dont les populations grandissantes tendent déjà la main à l'Asie. Nous y reviendrons plus tard en passant par la région immense et fertile des grandes mers douces, sources du Saint-Laurent, où se multiplie dans l'abondance une population si vivante, si saine et si belle. Entrons, comme autrefois le capitaine de Saint-Malo, dans le « golfe des Châteaux », abordons comme lui à la terre des « bons hables .... en chaleur plus tempérée que la terre d'Espagne et la plus belle qui soit possible de voir ».

Quatre péninsules et deux grandes îles, dont l'une forme près de la moitié d'une province, l'autre une province entière, se groupent

1

Pour *1911*, on peut établir approximativement la proportion ainsi.

De langue usuelle anglaise	4,600,000
De langue française	2,050,000
De langues diverses	500,000

Cela donnerait à la langue française une proportion d'environ *28* pour cent.

Errol Bouchette

à l'endroit où l'Amérique se rapproche le plus de l'Europe. Au sud-est de la province de Québec, le Nouveau-Brunswick s'avance entre le golfe Saint-Laurent au nord et l'Atlantique au sud. Une langue de terre rattache cette province à celle de la Nouvelle-Écosse que l'étroit canal de Canso sépare du Cap-Breton ; au nord de la Nouvelle-Écosse et entièrement baignée par les eaux du golfe Saint-Laurent, se trouve l'île du Prince-Edouard. La Nouvelle-Écosse c'est l'ancienne Acadie ; ce nom n'est plus officiellement reconnu, mais les poètes s'en servent de préférence, car ils ont su s'identifier avec le peuple martyr qui le porte grave dans son cœur.

Au nord de l'Acadie, le golfe Saint-Laurent présente sa plus grande largeur. Il se rétrécit graduellement vers l'Ouest où ses eaux rencontrent celles du fleuve de ce nom, lequel coule entre deux chaînes de montagnes, formant au sud la Gaspésie, au nord l'immense péninsule du Labrador, dont la rive septentrionale baigne dans la baie James et la mer d'Hudson ou Canadienne.

Nous avons vu que tout l'empire allemand tiendrait à l'aise dans cette région. Toutes ces grandes villes sont des ports de mer, de « bons hables » et la pêche maritime est une de ses grandes industries. Ce n'en est pas cependant la plus importante. Dans le Cap-Breton et dans la péninsule acadienne se trouvent des houillières qu'on a commencé à exploiter en grand, ainsi que d'excellents minerais de fer. Les grèves du fleuve et du golfe Saint-Laurent se composent sur une vaste étendue de sables magnétiques déposés là par un effet de concentration naturelle et qui contiennent une quantité pratiquement illimitée de minerai de fer. Bientôt des procédés électriques permettront de le débarrasser des impuretés qu'il contient et de le livrer à l'industrie et au commerce.

Dans différents endroits de la région on trouve en abondance et dans des conditions exploitables, des gisements de fer chromé, du cuivre, du nickel, du molybdène, du plomb, du zinc, de l'amiante, du graphite, du phosphate, du mica, du pétrole, du talc et d'autres minéraux encore. On y trouve en petites quantités de l'or et de l'argent [1]. Cependant, l'exploitation est encore si peu avancée, que le rendement total annuel des mines de la région représente à peine aujourd'hui douze millions de dollars. N'oublions pas de mention-

1 Les géologues sont d'opinion que dans la région du Nord on trouvera l'or et l'argent en quantités importantes.

Chapitre 3 : La terre canadienne et ses habitants

ner ici des inépuisables dépôts de tourbe qui existent partout, que l'on commence à traiter scientifiquement et dont le prix de revient est moindre que celui de la houille. Ce combustible excellent est une ressource précieuse pour l'avenir ; il nous permettra surtout d'économiser nos forêts.

Les travaux de M. Rodolphe Faribault et de M. Robert Bell, de la commission géologique, de M. Obalski, inspecteur des mines de Québec, et de plusieurs autres savants, mettront le public au courant des ressources minières de cette région.

Cette immense richesse qu'offrent les mines est pourtant peu de chose si on la compare aux ressources agricoles de ce pays. Il est vrai que l'industrie agricole, la plus ancienne industrie de cette région, est encore pour ainsi dire dans son enfance, bien que les peuples qui habitent cette partie du pays soient les premiers établis au Canada. La richesse agricole capitalisée, d'après le dernier recensement, n'atteint pas à trois cent millions près, celle de la seule province d'Ontario. Elle n'est que de 585 millions et la province de Québec figure pour plus de 430 millions dans ce chiffre. Cependant, il est prouvé que son sol n'est pas moins fertile que celui de la région supérieure et que, pour certains genres de culture, le climat, bien que moins clément, est plus favorable et le rendement meilleur.

Les champs fertiles s'étendent très vastes dans la péninsule acadienne et dans les Îles qui en dépendent. Ils sont plus rares mais non moins beaux dans la Gaspésie où les monts Apalaches se prolongent en coteaux ensoleillés et arrosés de nombreuses rivières, jusqu'au golfe d'une part, jusqu'à la baie des Chaleurs, de l'autre. Nous connaissons tous la large, belle et fertile vallée du Saint-Laurent. Nous avons parcouru les plaines qui s'étendent jusqu'au lac Champlain au sud de Montréal. Au nord, nous le savons, l'Agriculture remonte lentement vers les montagnes pour rencontrer et conquérir la richesse industrielle qui se précipite dans la plaine en torrents impétueux de houille blanche.

Mais réfléchit-on à ceci que sur les deux cents millions d'acres de terres arables dans la province de Québec, six pour cent à peine sont en culture ? On ne songe guère que ces Laurentides dont les silhouettes rondes et douces nous sont si familières et si chères, s'abaissent au septentrion dans une vallée aussi vaste que celle du Saint-Laurent, que la terre y est aussi riche et aussi fertile, et le climat plus doux, puisque le pays est moins exposé aux vents froids qui remontent la vallée du Saint-Laurent. Cette zone, dont les Laurentides forment la limite méridionale, pourrait nourrir vingt-cinq millions d'hommes. Les versants au nord ont une inclinaison graduelle mais très perceptible. Des hauteurs qui forment la ligne de partage des eaux, de puissants fleuves coulent vers la mer Canadienne, et la forêt vierge se prolonge jusqu'aux confins du territoire de la province.

On avait cru d'abord qu'au delà des Laurentides le climat était trop rigoureux pour que les céréales pussent y mûrir. Cette erreur s'est dissipée devant les observations météorologiques et surtout devant l'expérience des cultivateurs. Tout le monde sait aujourd'hui que les céréales mûrissent dans toute la zone qui s'étend, par-delà les Laurentides, du Témiscamingue au lac Saint-Jean.

On a dit plus tard : la limite cultivable, c'est la hauteur des terres ; plus loin, la forêt cesse et le désert de neige s'étend jusqu'au pôle. Erreur encore. Il est prouvé que sous le 5le degré de latitude nord, à la rivière Nottaway, sur les rives de la baie James, la forêt se prolonge, les légumes viennent très bien, les troupeaux se portent à merveille. Les résidents affirment que cette vaste région peut produire tout ce que produit l'Écosse. « Je n'ai aucun doute que tout ce que l'on peut récolter en Écosse, puisse être récolté au Fort-George », dit le facteur de ce poste, M. Gillies. [1] Et pourquoi en douterions-nous ? Cette région est encore au sud de Londres et de Berlin. Et ne sait-on pas que dans l'antiquité on regardait la Bretagne et la Germanie comme des pays froids et inhabitables. Dès que ce pays sera accessible, notre population s'y portera et c'est par lui que nous deviendrons un peuple prospère et puissant. Déjà les voies ferrées ont entamé cette région. Dans peu d'années, elles la sillonneront dans tous les sens et cela profitera non seulement à l'agriculture mais aussi à l'industrie.

L'auteur de ce travail n'a pas beaucoup voyagé hors de son pays, mais il a beaucoup lu et un peu médité, et il lui semble que l'avenir

---

1 Le fort George est situé à 235 milles au nord de l'extrémité sud de la baie James. (Rapport du Dr. Henri M. Ami, de la commission géologique : « Ressources du pays de Québec à Winnipeg ») Tout ce rapport est à consulter.

Chapitre 3 : La terre canadienne et ses habitants

de ses compatriotes, surtout de ses compatriotes de race française, est au moins autant dans l'industrie que dans l'agriculture.

À vrai dire, nous ne voyons pas, en étudiant la carte à la lumière du livre, de pays aussi propre à la grande industrie que la province de Québec, car les deux chaînes de montagnes qui bordent le Saint-Laurent et surtout celle du nord, sont les foyers des forces hydrauliques les plus puissantes peut-être, prises collectivement, qui existent sur la terre. La forêt, cette matière première d'une foule d'importantes industries, ne se trouve nulle part aussi étendue et aussi riche, et le Saint-Laurent est la grande route par laquelle ces richesses se répandront dans le monde entier.

La forêt ! Oui, c'est là notre grande richesse, ne l'oublions jamais. L'agriculture est intéressée à sa permanence au même titre que l'industrie, et nous conserverons nos champs aussi longtemps seulement qu'existeront nos bois. « Au Canada comme en Russie, dit M. Mélard, un expert en culture forestière, la prospérité agricole est intimement liée à la présence de grands massifs boisés destinés à arrêter les vents polaires ». Ces paroles ont pour nous une extrême gravité. Nous ne pouvons douter de leur vérité absolue, car dans certaines régions déjà nous sommes à même d'en constater la justesse.

Il est absolument certain qu'en dévastant les forêts du Nord, les Canadiens, surtout ceux de la province de Québec, détruisent non seulement leur avenir industriel mais aussi leur existence en tant que peuple agricole. Quand les montagnes et les hauteurs seront déboisées, nos rivières se transformeront en torrents dévastateurs, notre beau Saint-Laurent cessera d'être un fleuve de vie pour devenir un flot fatal charroyant à l'océan tout le sol arable de sa vallée ; d'affreuses tempêtes chargées de froidure achèveront de transformer en désert le pays dénudé qui ne pourra plus nourrir ses habitants.

Voilà ce que nous réserve l'avenir si nous dévastons nos forêts. Elles s'étendent au nord sur une superficie de plus de cinquante millions d'acres ; au sud et dans les provinces maritimes, on en trouve encore plus de quatre millions d'acres. Au premier coup d'œil et vue de loin, elles peuvent paraître presque intactes ; mais ce n'est qu'en apparence, du moins dans tous les endroits accessibles. Le feu et la hache les amoindrissent incessamment. Quelque vastes qu'elles paraissent, elles disparaîtront avant la génération qui grandit si nous n'y prenons garde [1].

Que faut-il donc faire ? Devons-nous renoncer à les exploiter et à défricher la terre pour des fins agricoles ? Pas du tout. L'exploitation intelligente et honnête loin de nuire à la forêt lui est bienfaisante. On peut s'en convaincre en parcourant certaines exploitations particulières, surtout les bois qui appartiennent à sir Henri Joly de Lotbinière, ce véritable ami de son pays. Dans son domaine, très vaste pour celui d'un particulier, il pratique la coupe réglée, et pour chaque arbre qui tombe il en fait surgir de terre, en variant les essences, dix, vingt et cent. Ses gardes veillent nuit et jour pour protéger les massifs contre les incendies. Puisse cet homme de bien faire école, puissent tous les Canadiens s'inspirer de ses sentiments.

Appelons de nos vœux ce moment où personne ne pourra diminuer la forêt sans encourir la réprobation publique. N'est-il pas clair que celui qui la détruit est un parricide, coupable d'une tentative contre l'existence même de la patrie ?

Pour protéger la forêt, la loi sera toujours impuissante sans le secours de l'opinion publique. Quand celui qui coupera un arbre inutilement ou sans le remplacer sera tenu pour un ignorant ou un imbécile, quand le dévastateur de la forêt sera noté d'infamie et montré du doigt par ses concitoyens, quand celui qui y mettra le feu passera pour un aliéné dangereux dont on demandera l'internement, quand le témoin d'un de ces forfaits qui ne le dénoncera pas sera jugé aussi coupable que l'agent actif du crime, alors seulement la loi cessera d'être une lettre morte pour devenir efficace et active.

Ainsi donc, si le mal doit continuer, ne nous avisons pas d'en accuser les gouvernements qui sont nos mandataires et qui seront toujours plus ou moins faits à notre image. S'ils se montrent apathiques, le mal vient de nous. N'attendons pas que d'autres fassent notre oeuvre, car alors elle ne sera peut-être jamais faite. Ce n'est que rarement qu'il surgit parmi les peuples de ces âmes puissantes et droites, assez clairvoyantes pour voir la vérité et assez fortes

---

1 Voir le livre de M. George Johnson, *Forest Wealth of Canada*.

pour l'imposer.

Avant donc de parler de la conservation et de l'exploitation de la région qui nous occupe en ce moment, il importe de savoir quelle population l'habite et quel esprit anime cette population. Le groupe de langue française nous attirera tout d'abord puisqu'il est, dans cette région, le plus anciennement établi et le plus nombreux. Il offre en outre, au point de vue de la formation nationale canadienne, un intérêt au moins égal à l'autre. Ce sera le sujet de la prochaine étude.

Chapitre 4 : La population française

Son développement numérique - Insuffisance de l'instruction primaire et manque de connaissances pratiques - Défaut social de la race et ses conséquences - Plus avancés socialement que les Français au début du 19e siècle, les Canadiens français paraissent maintenant en retard -Faiblesse économique des Canadiens français - Ses causes -Signes encourageants pour l'avenir.

Ce rameau détaché du vieux tronc français a toujours intéressé ceux qui, s'occupant de sociologie ou d'histoire, ont eu l'avantage de l'étudier de près. On a beaucoup écrit à son sujet dans les deux hémisphères, et la plupart du temps avec une ignorance excusable lorsqu'il s'agit de détails, impardonnable quand on touche sans s'en apercevoir à des questions d'une importance générale. Il est permis d'ignorer l'histoire intime des Magyars hongrois, il serait honteux de ne pas savoir qu'ils furent le boulevard de la chrétienté en Europe, les champions victorieux du principe autonomique dans l'empire germain.

C'est pourtant une ignorance semblable que les Canadiens français ont pu constater chez un grand nombre de ceux de leurs cousins de France qui ont écrit sur le Canada. Ces derniers ont trouvé matière à critique dans leur parler un peu archaïque, dans leurs mœurs, leurs coutumes et leurs idées qui ne sont plus celles de la France contemporaine. De la quasi miraculeuse survivance des Canadiens français et de leur phénoménal développement, on a dit peu de chose. Qu'ils se soient fait les défenseurs de l'idée française

Errol Bouchette

et catholique en Amérique, et cela au prix de sacrifices immenses ; qu'ils aient usé dès le début et supérieurement de la seule arme défensive que le sort leur avait laissé : la constitution anglaise ; qu'ils aient lutté avec une opiniâtreté héroïque pour le principe du gouvernement responsable dont le triomphe exerce une influence si décisive sur les destinées de l'empire britannique tout entier et partant sur le monde, ce sont des faits que l'on passe sous silence. N'est-il pas singulier qu'on s'abstienne de signaler en France ces grands actes qui témoignent de la vigueur de la mentalité française ?

Le gouvernement britannique sent plus juste ; tous ses actes officiels le prouvent. Cependant il existe encore en Angleterre une école apparemment incorrigible dans son arrogance à l'endroit des « colonials » de toute race et de toute couleur. Sir Henry Steadman Cotton, un officier important du service civil indien, exprime dans un récent ouvrage la crainte que cette attitude persistante ne fasse perdre à la Grande-Bretagne l'empire des Indes. Comme les extrêmes se touchent, il n'est pas surprenant de trouver ce groupe peu nombreux, mais bruyant dans son ultra-loyalisme, tendant la main, dans la république américaine, à ceux-là précisément qui n'ont jamais pardonné aux Canadiens d'être restés fidèles à la Grande-Bretagne, en *1775*. Pour ces derniers, le Canada français n'est qu'un vestige de l'ancien régime. On n'y retrouve plus sans doute les charmants grands seigneurs et les darnes exquises du temps de Frontenac ; mais Jean-Baptiste est toujours la momie de Jacques Bonhomme, la province de Québec un décor d'opéra comique.

Les Canadiens français se consolent facilement d'être ainsi déprisés. Ils savent que le temps fera justice des faux jugements, et, conscients de leur propre valeur, ils ont en outre le sentiment d'une appréciation fraternelle de la part d'un certain nombre de leurs compatriotes de langue anglaise. C'est même un des faits notables de notre vie nationale que les fauteurs de discorde n'ont jamais réussi à entamer sérieusement le fonds de confiance réciproque qui existe entre les deux populations du Canada et que les appels à la justice et à la tolérance sont presque toujours écoutés. Aussi ces deux populations semblent-elles de plus en plus disposées à partager amicalement leurs gloires passées, leurs occupations présentes

Chapitre 4 : La population française

et leurs soucis de l'avenir. Et tout cela s'accentuera davantage, si nous savons nous corriger de certains de nos défauts dont le plus grave sans aucun doute est notre faiblesse économique. C'est là une tendance sociale qu'il convient de noter, avant de parler du développement numérique et de la condition économique de ces deux groupes [1].

Pour ce qui est du développement numérique des Canadiens français, nous ne saurions mieux faire que de consulter l'étude publiée par M. Thomas Côté, un des commissaires du recensement de *1901* ; *travail* qui met vivement en lumière l'augmentation rapide de la population française du Canada.

« Seconde province de la confédération, dit-il, par l'importance de sa population, Québec a vu sans cesse croître l'élément français, qui y a toujours été prépondérant. Il y a actuellement dans

1 Il est toujours utile de savoir ce que les autres pensent de nous-même lorsque leur jugement est manifestement injuste ; il est bon d'être averti des préventions que l'on cherche à répandre sur notre compte afin d'être en état de les combattre par la sagesse et la dignité de notre conduite. C'est à ce point de vue que nous nous plaçons pour détacher quelques phrases du premier chapitre du livre de M. Goldwin Smith : *Canada and the Canadian Question*.

« Québec est une théocratie... Les habitants sont les moutons du prêtre. Celui-ci est leur chef politique comme leur directeur spirituel, il désigne les hommes politiques qui doivent servir les intérêts de l'Église à Québec ou à Ottawa. La foi des paysans est médiévale... Il (le paysan) est simple, ignorant, soumis, crédule, encroûté... Il cultive de la manière la plus primitive le lopin paternel... il mange ce qu'il cultive et son ordinaire comprend beaucoup de soupe au pois, ce qui donne lieu à des moqueries.

L'habitant n'est ni cultivé, ni ambitieux, mais il est supérieur au troglodyte de « La terre ». Les Canadiens français pullulent. L'Église encourage chez eux, comme chez les Irlandais, les mariages hâtifs dans l'intérêt de la morale, pour augmenter le nombre de fidèles, et sans doute aussi le chiffre des contributions. Le peuple est pauvre, mais l'Église, pour un tel pays, est immensément riche. Ni Versailles, ni les pyramides n'ont indiqué plus clairement la puissance du roi, que la grande Église et le monastère dominant les cabanes ne révèlent le pouvoir du prêtre ».

Prétendre expliquer par un tel tissu d'exagérations la condition sociale d'un peuple est plus d'un pamphlétaire que d'un philosophe. Et M. Goldwin Smith n'a pas même le mérite d'être original. Une foule d'autres auteurs plus ou moins connus ont trempé leur plume dans le même fiel. Si leur but n'est pas de soulever les populations canadiennes les unes contre les autres, il est difficile de comprendre ce vers quoi ils tendent. Qu'on songe à l'effet que de tels écrits sans cesse renouvelés doivent produire sur la population d'Ontario ! Il n'est pas surprenant qu'elle connaisse mal les Canadiens français. La merveille c'est qu'elle ne les déteste pas de tout son cœur.

Errol Bouchette

la province *1,649,898* habitants, dont *1,322,115* de langue française, *289,929* de langue anglaise et *36,854* appartenant à des races diverses. L'augmentation de la population dans la province de Québec en dix ans est de *160,363*. Comme les Canadiens français de cette province ont augmenté de 125,769, la population non-française n'a donc progressé que de 34,594. Cette dernière est en minorité dans tous les collèges électoraux, excepté Argenteuil, Pontiac, les divisions Sainte-Anne et Saint-Antoine de Montréal, Brome, Huntington et Stanstead. Il y a vingt ans, les Canadiens français étaient en minorité dans tous les cantons de l'Est, ainsi que dans Pontiac, Argenteuil, Québec-ouest, Huntington et Montréal-Ouest. Chaque recensement décennal a indiqué en leur faveur des gains considérables. Si bien qu'aujourd'hui, dans tous les collèges électoraux qui, à l'époque de la confédération, devaient être, dans l'esprit de ses auteurs, exclusivement réservés à l'élément anglo-saxon, ils sont en majorité. Petit à petit les Anglo-saxons ont déserté ces collèges électoraux et ont été remplacés par des Canadiens français. Le tableau suivant indique la progression :

	Canadiens français			Autres origines		
	1881	1891	1901	1881	1891	1901
Hunting-don	4,617	4,489	5,106	10,878	9,896	8,804
Missisquoi	8,009	9,330	9,913	8,300	9,192	8,569
Brome	4,910	4,839	4,766	10,917	9,870	8,631
Stanstead	4,749	6,938	8,749	10,832	11,129	10,249
Sherbrooke	5,828	8,771	10,690	6,393	8,153	7,736
Compton	7,706	10,335	14,468	11,850	12,444	11,992
Argenteuil	6,414	5,951	7,393	9,648	9,207	9,016
Pontiac	5,054	6,663	9,402	14,185	15,421	16,320

Le même phénomène se produit dans les comtés d'Ontario situés sur les confins de Québec, comme nous le verrons plus loin.

Dans les provinces maritimes aussi, la proportion des Acadiens augmente par rapport à la population générale. Le miracle, dans cette contrée, c'est que la population française y existe du tout, après la cruelle persécution qu'elle a subie autrefois et qui même aujourd'hui n'a pas encore pris fin, bien que ce ne soit plus l'autorité politique qui la continue. Là, comme aux États-Unis, les amis de la langue française ont à combattre un ennemi nouveau et puissant qu'ils voudraient pouvoir respecter et aimer. C'est uniquement à son courage et à son amour de la patrie acadienne que ce groupe doit sa survivance. Dès que les circonstances le permirent, les Acadiens revinrent des contrées lointaines où on les avait déportés, ils sortirent des bois où on les avait traqués comme des bêtes fauves. Aujourd'hui ils occupent de nouveau l'antique patrie ; ils ont leurs terres, leurs églises, leurs écoles, leurs 'Collèges, toute leur organisation sociale. Il semble cependant que leur caractère reflète quelque chose des tristesses passées. Ils sont plus graves et moins communicatifs que les gens de Québec.

« Je me sens le cœur réjoui, écrivait le regretté abbé Casgrain, en songeant que cette belle contrée, arrosée par les rivières Memramcook et Petitcoudiac, est encore toute française. Les Acadiens, qui avaient été expulsés en 1775, en ont de nouveau pris possession, ils y ont si bien prospéré qu'ils forment aujourd'hui le groupe le plus important de leur race au Canada ... Les terrains que leurs ancêtres avaient conquis sur la mer, par les travaux d'endiguement qu'ils avaient faits le long des deux rivières, et qui avaient été submergés depuis leur dispersion ont été mis en culture depuis leur retour. Ces terrains ont été tellement agrandis d'année en année, qu'aujourd'hui leur longueur totale n'est pas moins de trente milles sur une largeur considérable ».

Les Acadiens ont remporté là une belle victoire. Ils ont prouvé qu'on n'extermine pas un peuple qui garde dans son cœur l'amour de son pays. Cette population pleine de vigueur et de sève, et qui a produit depuis son retour beaucoup d'hommes distingués, augmente constamment en nombre. M. Côté, dans l'étude dont nous avons cité plus haut quelques passages, fait remarquer que tandis que la population de langue anglaise diminue dans deux sur trois des provinces maritimes, la population de langue française y augmente notablement, ainsi que l'atteste le tableau que nous transcrivons :

Population française

| | 1881 | 1891 | 1901 |

Errol Bouchette

Prince-Edouard	10,751	11,817	13,866
Nouvelle-Écosse	41,219	29,836	45,161
Nouveau-Brunswick	56,635	61,767	79,979

Quant à l'Ontario, sa population totale n'a augmente que de 68,622 durant la dernière décade, et sur cette augmentation celle de la population de langue française compte pour 57,548. Il résulte de ces chiffres qu'à une population totale de 1,404,974 en 1891, les Canadiens français ont ajouté pendant la décade 244,897. L'augmentation entière de la population durant la même période ayant été de 538,076, il s'ensuit que près de la moitié de cette augmentation est due aux citoyens d'origine française.

Si nous voulons suivre les Canadiens français jusqu'aux États-Unis nous retrouvons la même fécondité. M. R.-R. Kuczynski a publié, d'après le recensement de 1895, une statistique intéressante sur la fécondité des races dans la Nouvelle-Angleterre. Il a dressé pour le Massachusetts un tableau que nous résumons ici, en faisant remarquer que la proportion est à peu de chose près la même dans toute la Nouvelle-Angleterre.

Fécondité des races au Massachusetts

Lieu de naissance des mères	Nombre d'enfants	Nombre d'enfants par femme mariée	Nombre d'enfants vivants par femme mariée
Massachusetts	518,614	2.70	1.95
Nouvelle-Angleterre	202,673	2.64	1.86
Autres États de l'union	63,212	2.76	1.94
Irlande	472,467	4.97	3.20
Canada anglais	15,328	3.21	2.24
Canada français	94,476	5.47	3.78
Angleterre	84,030	4.07	2.65
Allemagne	32,415	4.21	2.97

M. Kuczynski constate que de toutes les Canadiennes françaises mariées, âgées de soixante ans ou plus, dans le Massachusetts, l'année du recensement, trente-deux seulement n'avaient pas eu d'enfants. La théorie de la disparition prochaine de la race française en Amérique ne semble donc pas très clairement établie [1].

Si la progression numérique est un facteur important dans l'économie d'un peuple, le degré d'instruction ne l'est pas moins. Plus un peuple est instruit - nous entendons par là la véritable instruction qui comporte aussi l'éducation - plus il lit et plus il pense ; en pensant il se civilise, et il arrive rapidement à désirer et à obtenir par le travail et par l'effort, les qualités sociales et économiques qui sont nécessaires à son progrès. A ce point de vue, le tableau que présente la population française du Canada n'est pas aussi encourageant. Cela paraîtra vrai surtout si l'on veut bien ne pas perdre de vue l'urgence du développement économique du Canada, la nécessité absolue où nous sommes de trouver certaines solutions sociales si nous voulons rester les maîtres de notre pays.

Dans un moment où les circonstances nous imposent le devoir de nous rendre supérieurs aux autres peuples au point de vue économique, nous constatons chez une partie de la population canadienne, sous certains rapports, une infériorité marquée. C'est la leçon que nous pouvons tirer des chiffres des deux derniers recensements décennaux résumés dans le tableau suivant que nous trouvons dans l'annuaire statistique officiel pour l'année 1903 ;

Statistique des illettrés au Canada

	Année	Illettrés	Pour cent sur population totale
CANADA	1891	1,449,446	29.99
	1901	1,322,816	24.63
Colombie-Britannique	1891	34,198	31.29
	1901	55,902	28.38
Manitoba	1891	43,282	26.58
	1901	67,833	30.64
Nouveau-Brunswick	1891	98,438	26.41
	1901	87,442	26.57

---

1 Il y a des réserves à faire à ce sujet. Nous aurons à en parler lorsque nous traiterons de l'avenir industriel du Canada.

Errol Bouchette

Nouvelle-Écosse	1891	119,675	24.03
	1901	110,425	21.48
Ontario	1891	454,353	18.13
	1901	395,690	19.13
Prince-Edouard	1891	27,126	24.87
	1901	21,296	20.62
Québec	1891	609,925	40.98
	1901	487,591	29.02
Territoires N.O.	1891	62,549	63.20
	1901	96,638	45.65

Ce malheureux tableau indique que malgré de très notables progrès, la province française de Québec donne le pourcent le plus considérable d'illettrés. C'est dans cette province qu'on trouve le nombre le plus considérable de personnes ne sachant ni lire, ni écrire, soit 487,591 contre 395,690 pour Ontario dont la population est d'un demi-million plus nombreuse. C'est ce nombre alarmant d'illettrés quia servi de base à toutes les accusations d'ignorance portées contre la province française, et il faut convenir en effet que c'est une constatation désolante.

Hâtons-nous cependant de dire que cette statistique montre la province de Québec sous un jour quelque peu faux. Dans l'Ontario, on ne trouve qu'une proportion de *11.34* p. 100 d'enfants au-dessous de cinq ans. Dans le Québec cette proportion est de 14.41. De sorte qu'il reste dans Ontario une proportion de *7.85* p. 100 d'illettrés au-dessus de cinq ans contre *15.16 p. 100* dans Québec. Le nombre est encore presque deux fois aussi considérable dans la province française. Il est certain que celle-ci doit en grande partie cette infériorité à la faiblesse de son organisation scolaire et surtout au défaut d'esprit de suite et de fermeté dans l'application de la loi. On n'enseigne pas assez aux parents qu'un des crimes les plus irrémissibles qu'ils puissent commettre, c'est de permettre que leurs enfants grandissent dans l'ignorance.

M. Léon Gérin a consacré à cette question vitale plusieurs belles et savantes études qui ont paru dans la *Science Sociale* de l'année *1897*. Le recensement de *1891*, sur lequel il travaillait, indiquait le chiffre vraiment effrayant de *609,925* illettrés sur une population de *160,363* moindre que celle de *1901*. *Il* a traité la question au point de vue exclusivement scientifique et ses conclusions, que nous transcrivons ici, méritent d'être méditées attentivement.

« Récapitulons, dit M. Gérin, les données principales fournies par notre enquête :

«1.   La proportion d'illettrés dans les divers groupes de population canadienne varie suivant la nature des lieux et le régime du travail. Les illettrés sont nombreux dans les groupes qui vivent de pêche maritime, d'industrie forestière primitive, de culture vivrière et isolée ; ils sont beaucoup moins nombreux dans les centres de fabrication et de commerce, et, d'une manière générale, partout où la fabrication et le commerce entrent pour une part dans les moyens d'existence de la population.

«2.   La proportion d'illettrés varie encore suivant les origines, ou, plus exactement, suivant les traditions des divers groupes. Les illettrés, sont nombreux dans les groupes à tradition communautaire ; ils sont beaucoup moins nombreux dans les groupes à formation particulariste.

«3.   La tradition communautaire affecte de deux manières le développement de l'instruction. D'abord en produisant un type de travailleur peu soucieux de s'élever, et par conséquent, de lui-même peu porté à s'instruire en vue d'améliorer sa condition et de monter dans l'échelle sociale. Ce travailleur est aussi par lui-même peu capable d'organiser et de faire fonctionner convenablement le service scolaire local. La tradition communautaire affecte encore le développement de l'instruction en produisant des classes dirigeantes détachées toutes de la pratique des arts usuels et formées en grandes corporations. Ces classes sont moins promptes à percevoir, moins aptes à réaliser les réformes désirables pour la masse des habitants. Elles appliquent le mécanisme scolaire pour leurs fins corporatives spéciales ; elles sont, du reste, peu en mesure de produire de l'instruction, ce développement de l'initiative et des moyens d'existence, sans lequel on aboutit au déclassement.

« La réforme, pour être sérieuse, pour être complète, devra donc porter sur ces trois points : les moyens d'existence de la population, la formation de la classe ouvrière, la formation de la classe dirigeante. »

Errol Bouchette

On saisit très bien dans les lignes qui précèdent le défaut capital dans la formation sociale des Canadiens français, et de nos jours ce défaut tend à s'accentuer. Si cela continue, les conséquences à venir seront évidemment très malheureuses. S'habituer de plus en plus à rester en tutelle et se déshabituer de penser, n'oser marcher seul, laisser à d'autres le soin de l'initiative et l'accomplissement des devoirs sociaux, voilà la première cause de faiblesse, le premier germe de décadence, le premier pas dans la voie fatale par laquelle un peuple qui s'oublie tombe rapidement au rang des races faibles et inférieures, victimes toutes désignées du minotaure social. C'est par l'action que l'on devient fort et les forts n'attendent pas que le salut leur vienne du dehors. Ils ne se courbent point passifs sous les coups du destin, ils lui résistent ; ils ne se contentent pas de rester sur la défensive, mais à l'occasion ils attaquent ; repoussés, ils ne se rebutent pas, ils reviennent à la charge.

Esprit d'initiative indépendant et persévérant parfois jusqu'à l'opiniâtreté, telle est la marque de ceux auxquels appartient l'avenir. Tous ceux qui ont étudié la science sociale comprennent que sans cette qualité largement répandue, une organisation vraiment forte de la vie publique comme de la vie privée est impossible.

Par suite de la déplorable faiblesse de l'opinion publique, on a pu impunément négliger l'école primaire. Le législateur ne se sentant pas soutenu par elle, a plusieurs fois reculé devant des influences latentes mais très puissantes qui s'opposent à un plus grand développement du système scolaire. Ceux qui agissent ainsi peuvent être de bonne foi, mais ils ne font pas preuve de prévoyance. Prétendent-ils arrêter l'évolution humaine ? Ils peuvent bien en sousmain poser des entraves, mais aucun corps responsable n'oserait s'opposer ouvertement à la diffusion de l'enseignement, parce que l'on sent très bien qu'il faut que cela soit.

Puisqu'il en est ainsi, pourquoi ne pas accepter franchement cette nécessité et en tirer le meilleur parti possible ? Qu'on instruise les enfants, mais qu'on les dirige en les instruisant. Qu'on s'efforce de leur enseigner dès le bas âge les moyens pratiques et probes de se tirer d'affaire. L'on s'apercevra bien vite, si l'on veut faire cela, qu'une instruction primaire ainsi comprise, bien loin de pousser les jeunes gens vers les villes, bien loin de leur inspirer le goût de la paresse et la passion de l'alcool, en fera des hommes sages, des agriculteurs experts et ambitieux, ayant l'amour de la terre et du progrès et un éloignement profond pour les vices sociaux qui minent actuellement la population française du Canada.

On semble avoir craint de trouver dans l'école primaire améliorée une concurrence qui ferait tort aux collèges et aux couvents. Erreur profonde et démontrée, où l'on est tombé sans doute par crainte de voir se renouveler ici les troubles scolaires de la France, où les conditions sociales et politiques sont toutes différentes ; par suite aussi de l'agitation faite contre nos établissements d'instruction secondaire par certains amis de l'instruction plus ardents qu'éclairés. Cette dénonciation de l'enseignement secondaire dans la province de Québec, en principe, est une erreur aussi grave que celle que] !on commet en voulant y limiter l'instruction primaire.

Que les collèges classiques manquent de certains éléments pratiques qu'il serait facile de leur donner, nul ne le conteste. Mais il est également incontestable qu'ils ont formé, qu'ils forment des hommes supérieurs et que leur rôle est de première importance nationale et sociale. De telles institutions sont essentielles aux peuples qui aspirent à devenir grands. Ce sont des foyers, mais des foyers qui s'éteindront si l'on ne prend pas soin de les alimenter.

Où donc trouverons-nous cet aliment dont les collèges ont besoin parmi une population ignorante et illettrée ? Nous comprendrons mieux la situation lorsque nous aurons étudié de plus près le groupe français qui nous occupe en ce moment. Affirmons cependant, avant de passer outre, ce principe qui nous paraît consacré par l'expérience : que toutes les institutions sociales contiennent, à des degrés différents, des éléments utiles qu'il faut conserver avec soin.

Détruire, c'est presque toujours rétrograder. Détruire les collèges classiques ce serait enlever au Canada français son principal élément de supériorité, ce serait le décapiter une seconde fois en tarissant la source de ses hommes publics ; négliger l'école primaire c'est préparer un autre genre de destruction, celle qui atteindra l'influence qu'exercent aujourd'hui les directeurs de l'enseignement dans notre pays. Ils jouissent maintenant de la confiance publique. S'ils venaient àla perdre, comme cela arrivera s'ils ne se font pas les champions de l'instruction publique et du progrès, ils ne la recouvreraient plus. Non, il ne faut pas détruire, mais édifier, améliorer sans cesse. C'est ainsi que les sociétés sages et progressives respectent le passé tout en préparant l'avenir.

En étudiant attentivement le caractère de nos compatriotes d'origine française, nous devrons, croyons-nous, conclure qu'au fond ils se sont moins écartés de la formation intellectuelle française qu'on pourrait le croire tout d'abord, étant donné leur changement de milieu, et la diversité des événements de leur histoire depuis la séparation. La cause en est indubitablement le fait qu'ils ont continué à recevoir une éducation toute française. Le Canadien français est resté essentiellement et avant tout logique. Cela fait tout à la fois sa force et sa faiblesse. On remarque le contraire chez l'Anglo-saxon qui se pique d'être pratique avant d'être logique. Cette logique française, simple et lucide, devient de la profondeur chez les esprits d'élite. Elle est en effet essentielle à toutes les grandes conceptions originales. On peut dire qu'elle fut de tout temps la lumière de l'esprit français. Mais elle peut produire de regrettables résultats chez les sujets incultes et ignorants ; elle est plus dangereuse encore pour ceux qui ne sont qu'à demi instruits, ou mal instruits. Instruire sans diriger, c'est placer une arme meurtrière entre les mains de qui ne sait pas s'en servir.

C'est une logique mal entendue qu'on trouve au fond de tous les défauts les plus apparents du Canadien français moderne. Il se peut qu'il se ressente encore des conséquences d'une ancienne formation sociale vicieuse et que cela nuise à son développement. Mais cette cause ne nous paraît que très faiblement déterminante. Il est important en effet de ne pas oublier que le colon français, émigré au seizième ou au dix-septième siècle, n'a pas eu à subir l'effet déprimant d'un régime social tellement mauvais qu'il a rendu la Révolution possible. Les circonstances lui ont épargné au moins deux siècles de famines périodiques et d'oppression, causes qui expliquent tout à la fois les faiblesses et les violences de ce peuple subitement déchaîné à la fin du dix-huitième siècle. Les étrangers impartiaux qui assistèrent à cette époque aux séances des premières assemblées législatives françaises, avaient peine à en croire leurs yeux et leurs oreilles, tant ces députés leur paraissaient incapables de diriger les affaires de leur pays, par suite non seulement de leur ignorance pratique, mais aussi de leur défaut d'équilibre.

Chapitre 4 : La population française

Ils faisaient sans hésiter des revendications extravagantes, absolument comme en font aujourd'hui les députés à la Douma. Il faut lire à ce sujet les *Origines de la France* contemporaine, de Taine, et la *Révolution française,* de Thiers.

Vers cette même époque les Canadiens français, tout en conservant au fond la formation française, commençaient à manier habilement l'arme constitutionnelle et parlementaire, et ils y avaient été préparés par une longue suite de combats contre la nature et contre les hommes, vie toute d'initiative, où il fallait oser et agir sous peine de succomber. On admettra que les circonstances étaient très différentes. A tout événement, pendant la période de lutte constitutionnelle, il nous semble incontestable que l'initiative individuelle et nationale leur a rarement fait défaut lorsqu'ils ont compris clairement leur intérêt ou leur devoir.

Depuis lors, malheureusement, nos compatriotes ne se sont pas maintenus à la même hauteur, parce qu'ils ont ignoré l'évolution sociale qui se produit autour d'eux. Prenons au hasard, dans la classe la moins entamée, un chef de famille cultivateur vivant sur sa terre. Sans être riche, il est à l'abri du besoin [1]. C'est un brave homme, sa femme est excellente, tous deux sont intelligents. Ils sont peut-être illettrés ; mais s'ils savent lire et écrire, ils ne trouvent à leur portée aucune littérature utile et pratique. C'est là un des inconvénients de leur éloignement du foyer intellectuel de leur race, et il faut avouer que le journal politique ne supplée que très imparfaitement à cette lacune. Leurs horizons sont donc très bornés, la somme de leurs impressions très faible, et l'on peut dire qu'ils ne connaissent que ce qui est traditionnel dans leur milieu paroissial. Comme le grand nombre des ignorants, ils ne savent guère faire valoir leur bien, ne se doutant même pas qu'il leur soit possible d'agir autrement et mieux qu'ils ne font. Ils se laissent vivre, et si parfois il leur arrive de réfléchir, voici comment ils raisonnent : A quoi bon l'effort ? La culture ne paye guère, on ne vend presque rien. En cultivant juste ce qu'il nous faut pour notre consommation, nous faisons le nécessaire ; que faut-il de plus pour gagner le paradis ? On répare

---

1 Depuis des générations nos cultivateurs vivent dans l'abondance des choses de première nécessité. Il est rare qu'ils fassent comme les paysans français dont on nous fait la description, lesquels se privent presque du nécessaire pour épargner et acquérir des biens fonciers.

Errol Bouchette

à peine la maison et les bâtiments qui graduellement se dégradent, on n'améliore pas la terre qui s'épuise, on soigne peu les bestiaux dont la race dégénère et dont le nombre diminue. On se sent un peu plus pauvre mais on a tout de même du pain sur la planche. Acheter des instruments aratoires, des animaux de race améliorée, ce serait s'appauvrir davantage pour un profit éloigné et fort problématique. Quant à se grever d'impôts, surtout de l'impôt scolaire qui ne rapporte rien du tout, il ne faut pas y songer. C'est ainsi que se travestit la logique chez l'ignorant. Cette famille a vécu ainsi depuis plusieurs générations, sans que le vice économique de l'indifférence routinière qui la mine l'ait encore atteinte dans sa vitalité, ni même sérieusement dans sa fierté. Nous le savons tous, la fier-té est une des grandes vertus du Canadien français, puisqu'elle repose sur le sentiment d'une mission nationale. C'est peut-être là le point le plus profond de sa nature, et dans ce sentiment il trouvera l'aiguillon qui le sauvera en définitive.

Avant d'aller plus loin, examinons les conséquences immédiates de cette ignorance et de cette apathie du cultivateur. Il nous suffira, pour nous en rendre compte, de comparer la statistique agricole de Québec avec celle d'Ontario, où l'état social de l'agriculteur est meilleur, à cause d'une instruction pratique mieux dirigée et plus généralement répandue. En 1901, la valeur du capital agricole de la province d'Ontario s'élevait à \$932,595,051 ; dans la province de Québec, le capital agricole n'atteignait qu'à \$436,176,916, beaucoup moins de la moitié. Cependant il n'y a pas deux fois plus de propriétaires ou cultivateurs dans la province supérieure. les chiffres sont de 225,127 et de 150,599 respectivement. Mais la propriété que détiennent ceux-ci vaut moins. Une terre en culture d'une étendue de cent acres ne vaut en moyenne que \$3,300 dans Québec ; dans Ontario elle vaut \$4,500. Ce n'est pas tout. La production agricole de la province d'Ontario, l'année du recensement, et sans déduction des frais de culture, s'élevait à \$197,333,824, soit plus de 20 p. 100, tandis que la production agricole de la province de Québec ne s'élevait qu'à \$86,390,781 [1], un peu moins de 20 p. 100. De sorte que si nous retranchons les frais de culture, il reste acquis que, chaque automne, les cultivateurs d'Ontario réalisent

---

1 Les produits laitiers ne sont pas compris dans ces chiffres. Ils rendraient la situation de Québec un peu plus favorable.

des profits nets dépassant de cinquante millions de dollars ceux des cultivateurs de Québec. Si cela devait continuer, ceux-ci ne pourraient pas soutenir la concurrence bien longtemps. Il est vrai que le climat de Québec est en général plus rigoureux que celui d'Ontario, mais cette circonstance est bien loin d'expliquer un aussi grave écart. [1] Nous donnerons la preuve officielle que la culture convenablement dirigée peut rapporter presque autant dans une province que dans l'autre.

Ces points importants constatés, revenons à notre famille type. Elle est nombreuse, ce qui devrait être pour elle un avantage. Malheureusement, la routine meurtrière est là qui l'étreint. Elle saisit les enfants dès le bas âge. -Ils grandissent, comme leurs parents, dans l'ignorance, presque sans instruction, sans éducation surtout, et sans saine ambition, ce qui est bien grave. Nous ne disons pas qu'ils deviennent du premier coup des dégénérés, mais ils restent dans la routine traditionnelle. Là où il n'y a pas progrès, il faut qu'il y ait décadence ; et la décadence conduit à la longue à la sauvagerie. Les exemples en sont rares, il est vrai, cependant il en existe. En étudiant la condition actuelle des Maures du Maroc, qui pourrait croire qu'ils furent autrefois un peuple de haute civilisation !

Les générations qui se succèdent sans progrès réel dans les campagnes du Canada français, tendent donc, dans ces conditions, à devenir progressivement inférieures. Ainsi que cela arrive presque toujours en de telles circonstances, ils conservent et développent les vices de la vie civilisée en laissant de côté la plupart de ses vertus. Filles et garçons sont probablement quelque peu inférieurs à leurs devanciers, mais ils croient naturellement en connaître bien plus long. On assiège les vieux parents, dont l'énergie commence à décroître ; on leur demande des toilettes, des équipages, une foule de choses fort au-delà de leurs moyens. La terre ancestrale est hypothéquée pour procurer ces inutilités frivoles ; les intérêts, souvent usuraires, mangent la récolte ; le découragement survient et bientôt il faut se disperser pour vivre. L'héritage vendu fournit les

---

1 Une contrée où l'on cultive avec succès le tabac ne saurait offrir de grands désavantages au point de vue de la culture générale. On sait qu'à l'est de Québec, où les hivers sont plus froids que dans la région de Montréal, les arbres sont d'un excellent rapport. Nous avons en Suède l'exemple d'une exploitation agricole scientifique donnant d'admirables résultats dans un climat beaucoup plus rigoureux que celui de la province de Québec.

Errol Bouchette

moyens de s'expatrier, la famille part, elle est perdue pour la patrie. Qu'est devenue pour eue la devise nationale : Emparons-nous du sol ? [1]

N'est-ce pas là la triste histoire d'un grand nombre de familles canadiennes-françaises ? C'est, en raccourci, si l'on en excepte l'exil qui est heureusement l'exception, l'histoire de ce peuple depuis trente ans. Nous touchons ici aux causes très simples du mal qui le mine et dont le symptôme le plus alarmant, parce qu'il est le plus apparent, est le dépeuplement des campagnes.

Il faut un remède qui remette en œuvre toutes les énergies nationales assoupies. Ce remède, c'est l'éducation saine, et ces mots comportent beaucoup plus que la simple instruction. La mission de ceux qui ont à lui communiquer cette éducation est grave, car ils peuvent se tromper. Quelquefois le corps social, par un merveilleux instinct de conservation, résiste, sans cause apparente, aux conseils les mieux intentionnés. Il faut alors que l'éducateur s'arrête et qu'il réfléchisse, car il se peut qu'il se trouve en présence d'une tendance qu'il ne faut pas déraciner mais simplement diriger.

---

1 C'était là, du reste, le caractère des paysans français d'avant la Révolution, alors que - et c'est là un fait très remarquable -l'espérance d'améliorer leur sort n'était pas encore entrée dans leur esprit. Les lignes qui précèdent étaient déjà écrites lorsque nous trouvions dans *Mauprat,* de George Sand, une confirmation si frappante de notre théorie, que nous ne pouvons nous retenir de transcrire ici une page de cette admirable peinture :

« Ces gens-là (les paysans) ont de la vanité, ils aimaient la « braverie », mangent le peu qu'ils gagnent pour paraître, et n'ont pas la prévoyance de se priver d'un petit plaisir pour mettre en réserve une ressource contre les grands besoins. Enfin, ils ne savent pas gouverner l'argent ; ils vous disent qu'ils ont des dettes, et s'il est vrai qu'ils en aient, il n'est pas vrai qu'ils emploient à les payer l'argent que vous leur donnez. Ils ne songent pas au lendemain, ils payent l'intérêt aussi haut qu'on veut le leur faire payer, et ils achètent avec votre argent une chenevière ou un mobilier, afin que les voisins s'étonnent et soient jaloux. Cependant, les dettes augmentent tous les ans, et, au bout du compte, il faut vendre chenevière et mobilier, parce que le créancier veut son remboursement ou de tels intérêts qu'on ne peut y suffire. Tout s'en va ; les intérêts ont emporté le revenu ; on est vieux, on ne peut plus travailler. Les enfants vous abandonnent parce que vous les avez mal élevés et qu'ils ont les mêmes passions et les mêmes vanités que vous ». Le paysan dans ces conditions devenait mendiant ; mais de même qu'en France les choses sont aujourd'hui changées, de même aussi au Canada, le paysan ruiné n'est pas aussi mal qu'il l'eut été autrefois, puisqu'il devient ouvrier industriel à l'étranger. Le progrès peut se retrouver encore ici, mais il est bien lent et nous coûte bien cher.

Essayons de nous faire comprendre.

Parmi les causes d'appauvrissement et de dépeuplement des campagnes, on a signalé la culture routinière et le luxe. La routine a été combattue avec assez de succès. Il suffisait, en effet, pour réussir, de donner l'éveil, de diriger l'opinion ainsi éveillée en mettant directement sous le regard du cultivateur les avantages d'une culture intelligente et soignée. C'était là un commencement d'éducation saine ; aussi, la croisade sérieusement entreprise, le progrès devint-il presque immédiatement visible.

Il n'en a pas été de même pour le luxe. On a tonné contre lui du haut de la chaire et dans les journaux, mais sans beaucoup de succès. Le peuple n'était pas convaincu, l'exemple était trop contagieux, le boutiquier trop accommodant. En rejetant ces conseils bien intentionnés, le peuple était-il dans l'erreur ? Pas tout à fait. On a voulu extirper de son cœur l'amour des choses dispendieuses et voyantes. On n'a peut-être pas assez réfléchi que cette tendance, convenablement dirigée, pouvait devenir le premier pas vers l'amour réel de l'art et des industries d'art. Nous savons qu'il existe dans cette population des qualités artistiques latentes. Pour les faire éclater, il suffirait de cultiver son goût. Alors il rejetterait de lui-même toute cette « braverie » vulgaire qu'on lui reproche maintenant.

N'oublions pas que le luxe, en lui-même, n'est pas un vice. Le prétendre ce serait condamner une foule d'excellentes gens et mettre sous interdit des choses belles et utiles. C'est l'abus qui est vicieux. Le luxe peut en effet devenir un puissant instrument du progrès. Il est reconnu de nos jours que l'« *aurea mediocritas* » n'est plus de saine économie, et l'humanité ne progresserait guère si elle cessait de se forger des besoins nouveaux. Mais le luxe n'est bon que lorsqu'il conduit à l'effort et au développement énergique des facultés. Nous savons par une triste expérience que si on le laisse sans direction, il peut conduire à la vente des terres, au dépeuplement des campagnes et devenir par l'abus un vice social dangereux. Et cependant, comme la loi de l'évolution opère toujours, même lorsque certains faits semblent indiquer le contraire, nous verrons bientôt cette qualité latente ou ce vice, suivant le cas, qui a contribué à l'exil d'un grand nombre de Canadiens, affecter puissamment et favorablement leurs destinées, lorsqu'ils seront transportés dans un autre

Errol Bouchette

milieu où nous aurons plus tard à les suivre.

On a cru aussi trouver la cause du mal social dans les entraves apportées à la colonisation. M. Gaston de Montigny nous parle avec la juste indignation d'un cœur patriotique et d'un esprit éclairé d'une succession de gouvernements, tous, en fait sinon en principe, hostiles au colon, et qui, pour un misérable revenu qu'il serait facile de se procurer autrement, vendent l'héritage national à des spéculateurs. Hélas ! il nous semble que nous sommes ici en présence d'un effet plutôt que d'une cause. N'est-il pas tout naturel que les assemblées électives soient faites à l'image de leurs commettants ? Il faut donc revenir à la famille de notre respectable cultivateur pour trouver l'origine du député. Parmi les enfants de cet agriculteur, le curé ou le notaire en a remarqué un qui lui paraît bien doué. Il s'emploie auprès des parents pour que cet enfant soit envoyé au petit séminaire ou au collège, pour y acquérir la somme de connaissances jugée nécessaire pour devenir prêtre, avocat ou médecin. Cette pratique est excellente et l'on ne saurait trop la louer. Si ce jeune homme entre dans le sacerdoce, il fera presque certainement ce qu'on appelle un bon prêtre, c'est-à-dire qu'il vivra d'une vie chaste ; il administrera les sacrements et veillera aux mœurs de ses paroissiens, comme l'ont fait ses devanciers ; avec moins de succès qu'eux cependant, car lorsqu'une population n'est pas en progrès, la criminalité et le vice se propagent rapidement. Mais il attribuera cela à l'esprit corrupteur du siècle. Avocat, médecin ou notaire, l'enfant deviendra également un personnage respectable, suivant la routine décadente traditionnelle. On dira de lui : C'est un bon citoyen. Cela est-il bien sûr ? Où voit-on que ce bon prêtre, que ce respectable praticien soit meilleur citoyen dans la classe où il est entré que son père, le cultivateur, dans la sienne ? Nous craignons bien qu'il ait à rendre un compte encore plus sévère de l'usage qu'il aura fait de ses talents et de ses avantages. Le premier, claquemuré dans son ignorance, pouvait assez difficilement voir et comprendre. Le second est resté volontairement dans les ténèbres, car il lui était possible d'arriver à la lumière. Il n'a pas cru mal faire, il n'a pas pensé ; il n'a pas su comprendre l'important problème social qui se présentait à lui, voilà tout. Ceux qui l'avaient formé y avaient-ils pensé davantage ? Il est probable que non. Pourtant tous ont agi de la meilleure foi du monde. Nous ne peignons pas de malhonnêtes gens, nous ne faisons que signaler certaines ignorances, au sens social de ce mot.

La multiplicité des crimes violents que, depuis quelques années, nous avons à déplorer dans la province de Québec, est la manifestation d'une véritable décadence sociale. Les préceptes moraux, même appuyés de la sanction religieuse, sont impuissants à combattre ces tendances, à moins que l'éducation sociale du peuple ne soit constamment soignée. Négliger ce point essentiel c'est affaiblir le corps social et l'individu, ou du moins permettre qu'ils s'affaiblissent. Or, une société où il existe une forte proportion de cerveaux déprimés, est en grand danger. Ces êtres faibles et impuissants, ne se respectant plus eux-mêmes, cessent de respecter les autres, bien qu'ils les puissent craindre. Leur habitude ordinaire d'esprit est l'apathie, avec des accès de violence aveugle, ordinairement déterminés par l'abus de l'alcool. Ceux qui en sont à chercher les seules joies de la vie dans les drogues que les médecins appellent les poisons du système nerveux, ne sont pas des hommes civilisés, ni même des hommes sauvages, ce sont des dégénérés. C'est donc en vain que la religion enseignera la morale la plus pure, si elle s'adresse à des sujets incapables de la comprendre. Il faut combattre ces tendances mauvaises en enseignant à l'homme dès son enfance l'horreur de ces stimulants, lui faisant redouter les catastrophes que leur usage entraîne et lui démontrant que c'est par le développement des sources naturelles et légitimes de la vie, qui découlent inévitablement de l'effort, qu'on renaît à la joie et à l'espérance. C'est dans ce terrain prépare que la morale germera. Et puisque, dans les conditions actuelles, il est difficile de supposer que cette éducation puisse s'acquérir au sein de la famille, pourquoi ne pas commencer par l'école, cette réunion d'esprits jeunes et propres à recevoir les saines impressions ?

Ceux qui connaissent les campagnes de la province de Québec devront convenir que nous ne représentons pas ici des types imaginaires. L'esprit public, le sentiment des responsabilités n'existent que chez un bien petit nombre, alors que tous devraient en être animés. Or, c'est parmi ces hommes qu'on suppose instruits, mais qui souvent ne le sont guère dans les matières essentielles, que le peuple choisit ses mandataires. En acceptant ce mandat, le député s'engage, en théorie, à renoncer à toute pensée égoïste pour devenir

Errol Bouchette

un vigilant de toutes les heures, le gardien des libertés publiques, l'artisan de la grandeur nationale. Les députés sont-ils à la hauteur de cette mission ? Est-il facile qu'ils le soient, tout imprégnés qu'ils sont d'une atmosphère sociale viciée et qu'ils apportent avec eux au sein de l'assemblée délibérante ? Non, cela est à peine possible. Soyons justes cependant. Parmi ces élus du suffrage il en est un nombre plus grand qu'on ne pense qui voudraient entreprendre des réformes. Quelques-uns, c'est le petit nombre il est vrai, s'inspirant des exemples du passé, seraient prêts à faire de véritables sacrifices pour le relèvement social de leurs compatriotes. Ils savent, ils sentent que leur salut est dans l'action, et que pendant qu'ils s'attardent et s'endorment, d'autres prennent leur place au banquet des peuples. Mais ceux-ci craignent de rester incompris, ceux-là ne se sentent pas soutenus par l'opinion, et tous se trouvent désarmés en face de la mortelle apathie publique. Et c'est ainsi qu'il arrive que le représentant du peuple, dans sa sphère, ne montre pas plus d'initiative éclairée que l'homme de profession dans la sienne, et que ni l'un ni l'autre n'est meilleur citoyen que le cultivateur qui épuise sa terre, la vend et s'en va.

Tels sont les résultats d'une vie sociale trop peu intense et d'une vie familiale trop étroite, suivant l'expression de M. Gérin. Il n'en fut pas toujours ainsi.

Aux heures les plus sombres de l'histoire canadienne, la race canadienne-française sut s'affirmer. Elle donna des preuves éclatantes de patriotisme et d'esprit public, d'audace dans ses conceptions politiques, de sagesse, de mesure et de persévérance dans l'exécution des réformes nécessaires à la nation. Depuis lors, elle a un peu trop dormi sur ses lauriers. Mais elle se réveille, elle ressaisit son flambeau. Déjà, nous l'avons vu, l'ennemi le plus redoutable, l'ignorance, recule devant sa lumière et dans la plupart des paroisses la stagnation agricole est chose du passé. Partout dans nos campagnes le peuple se relève et il signale la reprise du combat en s'emparant d'une grande et importante industrie, l'industrie laitière.

Le petit tableau qui suit donnera une idée de la situation de cette industrie dans les deux grandes provinces l'année du recensement (1901).

	Beurre		Fromage		Payé aux patrons $	Rendement par tête de la popula- tion
	Liv.	$	Liv.	$	Liv.	$
Ontario	7,559,542	1,527,935	131,967,612	13,440,987	12,959,240	5.9
Québec	24,625,000	4,916,756	80,630,199	7,957,611	11,039,279	6.7

Pour comprendre les progrès que fait la province de Québec dans cette industrie, il faut savoir qu'en 1891, elle ne fabriquait des produits laitiers qu'au moment d'un peu moins de trois millions de dollars. Nous avons de plus l'assurance que le progrès se maintient et même qu'il s'accentue, puisqu'en 1903, eue comptait 2,638 fabriques, 646 de plus que l'année du recensement.

Cette industrie, surtout celle du beurre, depuis l'introduction des écrémeuses de ferme, demande, outre les connaissances spéciales, beaucoup de soin et de propreté. Elle exige l'emploi de machines perfectionnées et une surveillance constante des fabriques par les cultivateurs qui en sont les patrons. Ces patrons étant au nombre de plus de cent mille sur un total de cent cinquante mille cultivateurs dans la province, on peut dire que presque tous y sont directement intéressés. Les directeurs de fabriques, d'autre part, sont intéressés à ce que les cultivateurs améliorent leurs races de bestiaux, à ce qu'ils leur donnent des soins intelligents et suffisants. Cela entraîne nécessairement l'amélioration des terres et de toutes les méthodes de culture, le relèvement de toute la classe agricole.

Si Québec augmente encore ses produits laitiers au taux de 341 p. 100 pendant la prochaine décade, cela lui donnerait en 1911 une production totale, sans tenir compte de la valeur du lait et de la crème, de plus de 80 millions. Il n'y a pas lieu d'en désespérer puisque l'on constate, dès maintenant, que le nombre de fabriques, qui, pendant la décade précédente, n'augmentait qu'à raison de 117 par année, s'accroît maintenant de 323 par année. Si, pendant la même période, l'industrie laitière dans Ontario ne progresse, comme pendant les dix années passées, que de 100 p. 100, ce qui est déjà beau, l'on aura bientôt fait disparaître l'écart qui existe entre le revenu agricole des deux provinces et la race française aura échappé àun grand danger économique et social.

L'industrie laitière dans la province de Québec n'a pas encore atteint la perfection. On signale la multiplicité de fabriques trop petites, nécessairement mal outillées, laissant quelquefois à désirer au point de vue sanitaire et ne permettant pas aux patrons de rétribuer suffisamment le fromager. En revanche, on constate presque partout une amélioration notable et surtout un vif désir d'adopter aussi promptement que possible les méthodes perfectionnées. Ce sentiment se manifeste par un acquiescement à tout ce qui peut rendre plus efficace la surveillance et le contrôle. On s'occupe de l'assainissement des fabriques et aussi de l'amélioration des produits. Déjà il existe dans la province une vingtaine d'associations dont les membres s'engagent à peser et à analyser le lait de leurs vaches. Ce mouvement, qui tend à se généraliser, aura pour résultat l'amélioration des troupeaux.

D'autre part, l'élan ainsi donné à l'industrie laitière produit d'autres effets économiques importants. Au ministère de l'agriculture à Ottawa, on constate que c'est dans la province de Québec que les idées nouvelles, en matière d'élevage, par exemple, font le plus de progrès. Il y a peu d'années c'était tout le contraire.

Le groupe français du Canada peut avancer sans crainte dans cette voie largement ouverte. L'accession de richesse qui en résultera conduira inévitablement à l'amélioration de la culture générale. On a représenté comme un danger l'exportation très considérable que nous faisons des produits laitiers. Nous ne voyons pas la chose ainsi. Si toutefois il existait là un inconvénient, il se corrigerait graduellement avec l'augmentation de la population du pays. Et cette croissance sera rapide si nous réussissons à faire du Canada un foyer d'appel aux travailleurs en implantant ici la grande industrie. Ceci nous amène à étudier le groupe de langue française à un autre point de vue. Voyons quel rôle il peut espérer de jouer au Canada sous le rapport industriel. L'on comprendra alors pourquoi, à la devise populaire : Emparons-nous du sol ! nous voudrions qu'on ajoutât cette autre qui en est le corollaire : Emparons-nous de l'industrie.

Chapitre 5 : La population française (suite)
Son manque de développement industriel

Le Canada français souffre vivement du défaut de développement industriel - Il a perdu par cette cause une moitié de sa population - Conséquences sociales alarmantes qui en découlent - Aptitude remarquable des Canadiens français pour les entreprises industrielles.

Les Canadiens d'origine française ou belge demeurant au Canada étaient, en 1901, au nombre de 1,651,880 [1]. Les Métis français ne figurent pas dans ce chiffre. On trouve en outre aux États-Unis environ un million de personnes d'origine franco-canadienne ; la plupart conservent pieusement la langue et la religion des ancêtres ; pour beaucoup d'entre elles, le Canada c'est toujours la patrie où l'on espère pouvoir revenir pour y terminer ses jours.

Le Canada et la Nouvelle-Angleterre contenaient donc environ 2,500,000 personnes de sang français et de formation intellectuelle française. Dans la province de Québec, on comptait, en 1901, 150,599 cultivateurs, lesquels, avec leurs familles, si l'on compte cinq individus par famille, formaient une population agricole d'environ 755,000 âmes. Ce chiffre est trop peu élevé, vu le nombre ordinaire de nos familles ; fixons donc approximativement la population agricole de Québec, en 1901, à 800,000. Pour trouver la population agricole française du Canada, il faut déduire du chiffre ci-haut, les cultivateurs anglophones de la province de Québec, mais il faut y ajouter les cultivateurs francophones des autres provinces. Ces chiffres se compensent, et nous restons avec une population agricole francophone d'environ 800,000. Retranchons ce nombre du total de la population de langue française (1,650,000) il restera 850,000. Retranchons encore 400,000 lesquels représenteront

1 Ils sont aujourd'hui plus de 2,000,000.

Errol Bouchette

les religieux, les hommes de profession, marchands, artisans, pêcheurs, mineurs, etc ... Cette déduction est assurément suffisante, si l'on réfléchit qu'il n'existe qu'une bien faible proportion francophone dans la population urbaine des autres provinces et que les dix principales villes de la province de Québec ne comptent guère plus de 477,000 âmes, dont une très forte minorité anglophone.

Il reste donc dans le pays à peu près 450,000 Canadiens français qui devraient être des entrepreneurs ou des ouvriers industriels. Mais nous savons bien que la grande industrie ne s'est pas encore implantée au Canada et que, sous le rapport industriel, la population française est beaucoup moins avancée que la population anglaise. La valeur économique de ces Canadiens français n'est donc pas utilisée comme elle devrait l'être, et il est certain qu'ils en souffrent énormément, et le pays avec eux. Rapprochons ceux-ci du million de leurs compatriotes que notre imprévoyance a exilés et nous pourrons construire un petit tableau beaucoup plus utile qu'agréable à étudier.

	Population canadienne-française	
Classe agricole au Canada	800,000	
Professions et arts usuels au Canada	400,000	
		1,200,000
Classe industrielle (puissance économique en partie perdue)	450,000	
Émigrés aux É.-U. (puissance perdue)	1,000,000	
		1,450,000

Cette statistique dressée d'après les données imparfaites, n'est, il est vrai, qu'approximative. Elle est suffisante néanmoins pour établir bien clairement ceci : si près d'une moitié de la population française qui se réclame de la patrie canadienne, commence à sortir du marasme économique, l'autre moitié attend encore les réformes qui lui permettront de travailler utilement comme les autres citoyens à la richesse et à la grandeur de son pays.

Le Canada français perd la moitié de son effectif en population par suite des mauvaises conditions économiques qu'on y laisse subsister. Aussi longtemps qu'il en sera ainsi, la population française restera sous le coup d'une langueur mortelle qui la paralysera, elle sera comme un malade dont le système nerveux est détraqué. Une rumeur sourde et constante fatiguera son oreille. Cette rumeur c'est la plainte d'un peuple dont l'essor national est comprimé.

Hélas ! Cette plainte nous l'entendons comme ceux qui vivent dans le voisinage d'une cataracte 'entendent le bruit des eaux. Nous y sommes habitués et l'idée ne nous vient pas de tirer parti de cette force immense fournie par la nature. Nous constatons bien, puisque la chose est évidente, qu'une moitié de notre population est perdue pour le pays et nous en sommes attristés, mais songeons-nous à découvrir la racine du mal et à l'extirper ?

Par suite du malheureux état de choses que nous venons de constater, le Canada perd une moitié de ses forces vives. Gardons-nous cependant de croire que la statistique puisse nous révéler toute l'étendue de notre perte. Il s'en faut de beaucoup que cette perte soit en population seulement. L'émigration c'est surtout la manifestation extérieure du mal. Tous les Canadiens ont au cœur une confiance inébranlable dans les grandes destinées de leur pays. Mais pour qu'il devienne grand il est essentiel qu'on puisse y retenir sa population native. Et cela non plus ne suffit pas, il faut encore qu'on en fasse un foyer d'appel aux travailleurs. On voit combien nous sommes loin de cet idéal, surtout dans la province de Québec.

L'exode des habitants d'un pays jeune, peu peuplé et riche en ressources naturelles, est la preuve certaine que ce pays souffre de quelque maladie économique très sérieuse. Or, un vice économique radical, c'est pour un peuple la boîte de Pandore : tous les fléaux en sortent [1]. L'émigration entraîne des conséquences déplorables, trop évidentes pour qu'il soit nécessaire de les démontrer. De l'apathie, de la paralysie morale et matérielle qu'apportent avec eux les malaises économiques, il résulte des choses plus tristes en-

---

1 *À* consulter J. Van Kan. *Causes économiques de la criminalité.*

Errol Bouchette

core. Nous avons déjà touché du doigt une de ces conséquences : la richesse agricole de Québec tombée à moins de la moitié de celle d'Ontario.

Chaque unité de population qui émigre est un capital important perdu pour le pays. Mais chaque homme, chaque femme, chaque enfant qui reste inoccupé, qui végète dans quelque occupation qui lui ferme l'avenir, ou qui n'est pas préparé pour les luttes de la vie, constitue non seulement une perte, mais une cause de démoralisation.

La souffrance est la condition des existences humaines ; elle est aussi inévitable que la mort. Mais toute souffrance ne conduit pas à la démoralisation publique. Il y a la souffrance normale et la souffrance anormale. Chaque fois que nous nous trouvons en présence de celle-ci, il faut la combattre et la faire disparaître, car elle n'est pas naturelle ; elle est contre nature. Certes, l'état des ouvriers industriels dans tous les pays n'est pas idéal. Pour le grand nombre la vie est bien étroite, le chômage terrible, l'espoir lointain. Mais cet espoir existe : c'est ce qui sauve l'ouvrier, c'est ce qui lui rend la vie supportable. Il coopère, bien humblement il est vrai, à une œuvre utile à la grandeur de sa patrie ; son pain est amer, mais c'est du pain gagné. La vie lui est donc possible puisqu'il souffre avec dignité. Il se réunira à ses confrères ; ensemble ils chercheront à améliorer leur sort et une voix secrète leur dira à tous que cette amélioration est possible et qu'elle viendra à l'heure que marquera la Providence par le progrès, par l'évolution.

La souffrance démoralisatrice et dégradante est celle qui échappe à l'évolution et qui exclut presque l'espérance. Ceux qui la subissent sont les vrais misérables. Ils sont les Ilotes de Sparte, les sombres soldats de Spartacus, Sisyphe roulant éternellement son rocher ; - travaillant toujours, n'accomplissant rien, sachant qu'ils ne sont rien. Cerveaux pauvrement meublés, esprits qui s'étiolent toujours davantage en subissant, sans espoir et bientôt sans lutte, les coups inexorables du destin. Les faibles courbent à jamais la tête, ils demandent à l'alcool l'insensibilité d'où ils se réveillent ensanglantés par quelque crime brutal et stupide. Leurs enfants porteront les stigmates dont parle Lombroso. Les plus forts combattent. Ils se feront sous une forme ou sous une autre les ennemis actifs de la société. Déjà ils sont en guerre contre la société canadienne.

Chapitre 5 : La population française (suite)

Il est officiellement constaté qu'il a surgi sur les terres publiques, dans les forêts de la province de Québec, une classe de personnes qui sont devenues un vrai danger pour la société. Tandis que d'une part le commerçant de bois, par son mode d'exploitation, appauvrit la forêt et nous enlève une certaine partie du capital national, le colon d'autre part reste pauvre, ignorant et souvent miséreux, par l'action combinée du commerçant et des autorités, et le pays en général souffre comme lui de son infériorité économique. Entre le commerçant et le colon apparaissent les personnes dont nous parlons, elles se recrutent parmi les déclassés ; la commission de colonisation les appelle spéculateurs et « squatters ». Parfois même, oubliant le décorum du style officiel, elle les qualifie d'« engeance ». Il vaudrait mieux leur donner tout de suite leur vrai nom. Ce sont des bandits, comme ceux qui parurent soudain en France à l'époque de la Révolution, et qui existent par les mêmes causes. Ils dévastent le domaine public, brûlent les forêts, pillent le pays au détriment du trésor, du commerçant et du colon.

Ainsi, tandis que de la mauvaise organisation de l'exploitation forestière et de la colonisation résultent des pertes matérielles immenses en capitaux et en revenus tant publics que privés, le mal économique, encore plus sérieux, répand une démoralisation générale affectant plusieurs des parties vitales de notre économie. Les illégalités se multiplient et restent impunies, le gouvernement ne peut plus faire exécuter la loi. Ne sait-on pas, en effet, que les délinquants trouvent des encouragements et des complices jusque dans la classe dite dirigeante. Il ne faut pas s'en étonner. Aucune classe ne reste longtemps saine lorsqu'une partie notable du corps social est malade, et la gangrène pénètre de jour en jour plus profondément dans les chairs.

Les pays qui négligent de cautériser leurs plaies tombent dans l'impuissance, dans la décadence et dans la honte ; l'esprit public disparaît, la loi devient une lettre morte. Bientôt l'on pourra adresser à leurs classes dirigeantes l'apostrophe terrible du Ruy Blas aux grands d'Espagne :

Ah, j'ai honte pour vous !... Au dedans, routiers, reîtres,

Vont battant le pays et brûlant la moisson.

L'escopette est braquée au coin de tout buisson.

Errol Bouchette

Comme si c'était peu de la guerre des princes,

Guerre entre les couvents, guerre entre les provinces,

Tous voulant dévorer leur voisin éperdu.

Morsures d'affamés sur un vaisseau perdu ;

Notre église en ruine est pleine de couleuvres :

L'herbe y croît. Quant aux grands, des aïeux, mais pas d'œuvres.

Tout se fait par intrigue et rien par loyauté.

L'Espagne est un égout où vient l'impureté

De toutes nations ....

La moitié de Madrid pille l'autre moitié,

Tous les juges vendus, pas un soldat payé.

Si le groupe français du Canada veut conserver sa part légitime d'influence dans la chose publique, il ne doit pas se contenter de vivre dans la contemplation de ses gloires passées. S'il reste dans l'infériorité économique, ses aïeux feront sa honte, par la comparaison qu'on fera entre eux et les générations vivantes. « Les grands noms abaissent, au lieu d'élever ceux qui ne les savent pas soutenir. » C'est en vain que l'on s'efforcera de hausser ou même de maintenir le niveau des études dan les collèges et les universités, c'est en vain aussi que l'on espérera stabiliser le commencement de renaissance agricole que nous avons précédemment signalé, si l'on reste avec une plaie vive au côté.

Nous savons que parmi la population française le développement industriel est tout à fait insuffisant, puisqu'elle a perdu, par cette cause surtout, une moitié de son effectif, pour le moins. Il s'ensuit tout naturellement qu'au point de vue des intérêts financiers, si importants dans l'économie d'un peuple, elle ne compte guère, car ces choses se tiennent. Les grandes voies de communication et la banque sont les auxiliaires du haut commerce et de la grande industrie. Ceux qui les possèdent et qui les gouvernent seront toujours les vrais puissants, la classe vraiment dirigeante. Les autres groupes de population auront beau produire de temps à autre quelques hommes éminents, ils resteront toujours dans l'infériorité sociale. La richesse, éclairée par le savoir et guidée par l'énergie, sera toujours maîtresse. Il en est ainsi, même lorsqu'une observation superficielle semblerait démontrer le contraire.

Chapitre 5 : La population française (suite)

On en trouve un exemple frappant dans l'état social de la France d'avant la Révolution.

La caste noble comptait, nous le savons, quelques sujets d'élite, mais en général la noblesse vivait dans l'ignorance, tout au moins dans le dilettantisme et dans l'inaction. Naturellement elle rétrogradait et bientôt elle ne fut plus que nominalement la classe dirigeante. En réalité, c'était le Tiers-État, la bourgeoisie qui gérait les finances et gouvernait le royaume. Elle administrait la chose publique et dictait la loi dans les parlements. D'un trait de plume, ces hommes pouvaient réduire la noblesse, le haut clergé et le roi lui-même à l'impuissance. Officiellement, ils n'étaient rien, pratiquement ils étaient tout ; et c'est certainement leur intervention qui rendit la Révolution possible.

Nous avons essayé de démontrer précédemment que l'avenir du Canada dépend en grande partie de l'état social et économique du groupe français. Nous commençons maintenant à entrevoir les causes principales de l'infériorité alarmante que l'on constate chez lui à certains points de vue. Ceux qui accepteront nos prémisses ne contesteront pas notre conclusion : que le premier et le principal remède à appliquer, c'est l'encouragement au développement industriel.

On se demandera peut-être : Les Canadiens français possèdent-ils vraiment les qualités requises pour entreprendre une grande oeuvre de développement industriel ? Il ne s'agit pas bien entendu, de citer l'exemple honorable mais exceptionnel d'un certain nombre de manufacturiers et d'hommes d'affaires qui ont surgi çà et là dans le groupe français. Leur mérite est d'autant plus grand qu'ils ont eu plus de difficultés à surmonter, mais ce ne sont que des exceptions. Il faut examiner ce groupe dans son ensemble et en tirer une conclusion générale.

Le Canadien français nous paraît posséder à un très haut degré le goût et le talent des arts industriels. Espérons que les amis de l'agriculture ne s'alarmeront pas en entendant énoncer cette proposition générale. Celui qui l'affirme regarde le sol comme la plus importante de nos conquêtes ; il ne parle du développement industriel que parce qu'il désire que nous n'en perdions pas les fruits. N'est-il pas vrai, d'une part, que nous conservons le sol que si nous savons le bien cultiver ? N'est-il pas constant, d'autre part, que la seule réforme agricole que nous ayons pu faire accepter par nos cultivateurs a pris la forme d'une industrie, l'industrie laitière ?

Cet argument a bien son importance, mais pris isolément il ne serait pas concluant. Nous trouvons d'autres preuves en suivant les Franco-canadiens émigrés dans la république voisine. On n'abandonne pas sans raison son pays et son village, qui en est le diminutif. Ces pauvres gens s'exilent ou plutôt s'exilaient, - car le mouvement, nous le savons, est en partie enrayé - par nécessité. Sont-ils devenus là-bas commerçants comme les Juifs, journaliers comme la plupart des Irlandais et des Italiens ? Presque tous sont entrés dans les fabriques ; ils sont aujourd'hui des ouvriers industriels.

Voilà donc, clairement constatés, deux phénomènes sociaux d'une portée générale qui viennent appuyer la proposition. Plus concluant encore le succès qu'ont en général remporté les ouvriers canadiens, malgré les conditions désavantageuses où ils se trouvaient placés par suite de leur langue et de leur formation sociale. Il n'est guère de paroisse dans la province de Québec qui n'ait fourni son contingent à l'émigration. Et si vous interrogez les parents sur le compte des jeunes hommes qui sont partis, on vous répondra presque invariablement : Dieu merci, mon fils va bien, il a du succès et gagne beaucoup. Puis, suivant le cas : Il est contremaître ; c'est lui qui fait les dessins ou les modèles pour sa fabrique ; il conduit une machine ; il est chef des machinistes. Enfin, la plupart du temps, on vous parlera d'un avancement rapide qui vous rendra un peu sceptique. Allez aux renseignements, vous trouverez que ces indications sont le plus souvent exactes. Il est très vrai que parmi les familles canadiennes qui entrent dans les fabriques de la Nouvelle-Angleterre, les femmes et les vieillards occupent les derniers rangs. On les retient pour le travail à bon marché. Mais, en revanche, presque tous les jeunes gens font preuve de talent et obtiennent de l'avancement sérieux dès les premières années.

Dans des conditions ordinaires, il n'y aurait dans ces humbles succès rien de remarquable. Que des Canadiens français, toutes choses égales d'ailleurs, réussissent aussi bien que les autres, c'est tout naturel. Qu'ils excellent même dans certaines branches spéciales, c'est encore normal. Ces résultats ne surprennent que si nous tenons compte de l'ignorance profonde où sont plongés au

Chapitre 5 : La population française (suite)

début la plupart des travailleurs. Elle est beaucoup plus grande que celle de nos ouvriers de Québec et de Montréal, bien que ceux-ci ne soient pas des savants. « Il faut le voir pour le croire », disait un jour en notre présence Ferdinand Gagnon, qui n'était pourtant pas un pessimiste, qui avait au contraire l'espoir robuste qui anime les grands cœurs.

La faculté de produire des objets d'un art rudimentaire se manifeste partout dans notre province. Qui n'a pas rencontré, sur les grèves du bas Saint-Laurent, des groupes d'enfants faisant flotter dans des flaques d'eau d'admirables modèles de goélettes et de chaloupes. Ces petits chefs-d'œuvre reproduisent, jusque dans leurs moindres détails et en respectant les proportions, la carène et le gréement de nos bateaux de cabotage ; ils ont été façonnés sans autre outil qu'un couteau et par les enfants eux-mêmes. Plus tard, ces enfants devenus grands construiront, sans avoir jamais étudié les éléments de la construction navale, des goélettes sûres et rapides. C'est un talent qu'on retrouve également chez les Grecs modernes. Eux aussi excellent en tout ce qui exige peu d'étude et d'apprentissage. C'est ainsi que se manifeste l'intelligence chez les peuples bien doués qui manquent d'instruction et de direction. Si l'on pouvait communiquer aux Hellènes le goût des sciences et l'élan social qui en est toujours le résultat, l'on verrait peut-être leurs vaisseaux, comme autrefois ceux de Thémistocle, couvrir la Méditerranée ; ils pourraient ériger des monuments d'art immortels comme le Parthénon. Et les Canadiens français, qui ont déjà la gloire d'avoir dépassé leurs rivaux dans le maniement de la constitution britannique, pourraient les vaincre également sur le terrain industriel et commercial, acquérant ainsi la richesse et l'influence nécessaires à l'accomplissement de leur œuvre en Amérique.

Avec l'apprentissage, nous le savons, nos artisans improvisés du Saint-Laurent sont devenus, dans les chantiers de Québec et de Lévis, d'excellents constructeurs de navire au long cours ; les plus énergiques se sont rapidement élevés au rang d'entrepreneurs et d'armateurs. Cette grande industrie a disparu depuis que le fer remplace le bois dans les constructions maritimes. Que sont devenus les artisans qui en faisaient naguère le succès ? Ils exercent toujours dans nos villes, mais dans des conditions défavorables, les métiers qui se rapprochent le plus de celui qui leur a échappé.

Errol Bouchette

Il n'y a pas très longtemps un entrepreneur de constructions dans une de nos grandes villes faisait voir à l'auteur de cette étude des maisons qu'il venait de terminer, maisons très logeables mais dans le genre bon marché. « C'est du travail français, disait-il, tout ce qu'il faut pour de bons logements de seconde classe ». Et comme nous lui demandions, tout en prévoyant quelle serait à peu près sa réponse, comment il se faisait que le travail français était ainsi sans façon relégué au second plan, il répondit ceci : « Parmi les artisans réguliers ayant fait l'apprentissage voulu, on trouve des hommes de toutes origines sans en excepter la française, bien que ces derniers ne soient pas très nombreux. Mais en dehors de ces artisans spécialisés, nous trouvons toujours parmi vos compatriotes un nombre suffisant de Maîtres Jacques qui savent faire un peu de tout sans avoir rien appris et dont le travail moins soigné coûte naturellement bien moins cher. »

On retrouve cette classe d'ouvriers dans beaucoup de villes, et c'est presque exclusivement parmi les Canadiens français qu'elle se recrute. Ils font preuve de beaucoup d'ingénuité dans la pose des appareils électriques et plusieurs sont devenus de bons électriciens. Du reste, tous sont également intelligents et actifs, mais aussi à peu près également illettrés et ignorants. C'est ce qui nuit le plus à leur prospérité et à leur avancement. Nous ne sommes guère plus instruits que nos pères d'il y a quarante ans, alors que Charles Lévêque s'écriait : « Les ouvriers canadiens-français sont, de l'aveu de tous, les meilleurs et les plus habiles travailleurs de l'Amérique. Ils sont très recherchés par les entrepreneurs. Donnons-leur la culture ; cette espèce de patriotisme vaudrait mieux que beaucoup d'autres ».

L'instinct artistique de l'ouvrier canadien-français se manifeste plus que partout ailleurs, peut-être, dans la construction et l'ornementation des églises. M. Napoléon Bourassa nous signalait, il y a plusieurs années, la naissance de cette industrie : « Nos églises, disait-il, se sont élevées, comme nos maisons, sans grande architecture ; on tenait surtout aux gros murs et à dorer quelques zigzags jetés en travers de la voûte. Un peintre d'enseignes transcendant, après avoir peint la voiture, la maison et le portrait du curé du village, faisait aussi dans ses loisirs quelques saints pour le sanctuaire ».

Chapitre 5 : La population française (suite)

La génération de ces artistes et architectes rustiques est devenue très nombreuse, car depuis trente ou quarante ans les églises de la province ont été en grande partie reconstruites. Notre pays leur doit quelque chose de cette physionomie caractéristique qui frappe l'étranger et lui fait aussitôt comprendre qu'il est entré dans un milieu social nouveau. Le groupement des villages autour des clochers plaît à l'œil comme à la pensée ; on y retrouve comme un reflet de l'inspiration de Millet ou de Huot. Le clocher lui-même, en bois recouvert de tôle et grossièrement exécuté, n'est point une chose laide dans ce milieu. Souvent les lignes sont belles. Ces édifices sont pour la plupart l'œuvre de simples maçons, d'après les plans très sommairement indiqués par le curé ou par la fabrique. L'intérieur choque souvent par l'abus des tons criards, et pour comprendre jusqu'à quel point ce peinturage s'éloigne de l'art véritable, il n'est pas besoin de le mettre en regard d'un travail d'artiste comme, par exemple, des peintures de voûte de Saint-Sauveur de Québec que nous devons à M. Huot, ou des fresques de la chapelle de Lourdes, à Montréal, qui sont l'œuvre de M. Bourassa lui-même. Non, nos décorateurs d'églises sont bien les continuateurs des peintres d'enseignes dont nous parle cet artiste. Il n'est pas même toujours vrai de dire que ce sont des décorateurs naïfs. Quelquefois leur travail décèle une prétention que rien ne justifie.

En ce genre toutefois il faut admettre qu'il est des degrés « du médiocre au pire ». Dans l'intérêt général nous pouvons, nous devons critiquer. Mais gardons-nous de mépriser ou de décourager ces manifestations d'un art naissant. N'oublions pas que les premiers grands peintres de l'école flamande ne furent que d'humbles artisans, les successeurs de gens qui n'avaient guère plus de mérite artistique que nos décorateurs. Le genre trop nébuleux de l'Allemagne se mêlant aux imperfections du dessin français chargé d'inutiles détails donnait souvent à leur travail un effet grotesque, de même que chez les nôtres le mauvais goût emprunté à nos voisins vient souvent déparer ce que l'inspiration naturelle de l'artisan pourrait avoir d'agréable, malgré les imperfections. En examinant sans parti pris, nous devons admettre que quelques-uns des édifices qui ont passé par les mains de ces ouvriers sont joliment décorés. Leur travail est meilleur que celui du même genre tenté ailleurs en Amérique, en autant du moins que nous avons pu le constater.

Errol Bouchette

Parmi eux, de loin en loin, surgiront de véritables peintres, sta-
tuaires, architectes, et presque tous pourraient devenir des artisans
supérieurs s'ils étaient instruits et convenablement dirigés. Cette
réflexion revient toujours comme le refrain d'une chanson.

« Personne plus que moi, écrit l'abbé Lindsay, de Québec, n'est
convaincu du talent artistique de l'ouvrier canadien-français. Il me
semble que c'est surtout dans la sculpture du bois qu'il excelle ; et
je crois que Québec est le foyer de cet art particulier. Le peintre
Wickenden, dont on peut admirer plusieurs tableaux à l'archevê-
ché, en a été frappé. Mgr de Laval, qui avait établi à Saint-Joachim
une école d'art et d'industrie pour laquelle il fit venir de bons professeurs, est à mon avis l'initiateur de ces traditions artistiques.
Plusieurs de nos anciennes églises, comme celles de Saint-Joachim, de l'Ange-Gardien, de la Rivière-du-Loup (en haut), des
Ursulines de Québec, contiennent d'admirables sculptures en bois
qui remontent au commencement du XVIIIe siècle. Les sculptures
de la Basilique de Québec, dues aux Baillargé, sont fort bien exécu-
tées ». Cette tradition artistique que constate l'abbé Lindsay et qui
paraît prendre sa source dans une école fondée il y a deux siècles,
confirme bien les paroles que prononçait Étienne Parent, en 1848 :
« Mettez notre peuple, par la culture de l'esprit, en état de goûter
les belles choses et d'apprécier les grandes, et rassurez-vous sur son
avenir ».

En essayant de mettre en lumière les manifestations spontanées
du goût des arts industriels, parmi les Canadiens français, nous
devons autant que possible éviter les points qui ne sont pas essentiels à la démonstration. C'est pour cela que nous ne parlerons
pas des corps de métiers dans nos villes, organisations très dignes
d'attention, ni des industries domestiques, dont les produits haute-
ment estimés deviennent malheureusement de plus en plus rares.

Nous ne nous attarderons pas davantage sur une multitude
d'exemples isolés, lesquels auraient plus d'importance s'il s'agissait
de défendre une proposition contestée. Or nous n'avons la prétention ici que de grouper, pour en tirer une conclusion, quelques
faits que le lecteur admettra. Dans cette matière trop abondante il
faut faire un choix, et ce choix doit porter de préférence sur les faits
d'un intérêt général. C'est à ce titre que nous citerons un exemple
de la faculté que possèdent les Canadiens français de se rendre ra-

pidement maîtres dans toute carrière utile, dès qu'on leur en ouvre l'entrée.

À une époque où l'enseignement commercial était à peu près inconnu parmi nous, un collège du district de Montréal résolut de préparer ses élèves aux emplois de comptable et de commis. Après qu'on eut donné l'instruction nécessaire à un certain nombre de sujets, on écrivit aux différentes maisons de commerce de la ville, toutes anglaises, naturellement, et n'ayant que des employés anglais, leur offrant des commis compétents, de langue française. L'offre fut si généralement acceptée que tous les élèves sortant de l'institution trouvèrent aussitôt à se placer. Ce fut là le début de l'enseignement commercial parmi nous. C'est par cette porte que nous entrâmes dans la carrière commerciale qui, jusqu'alors, nous était restée fermée ; et nous vîmes apparaître le commis-marchand canadien-français devenu aujourd'hui par le nombre une puissance dans nos villes.

Mais le commerce, pour important qu'il soit bien certainement, n'est pas la fin de notre étape. Cette fin c'est l'industrie, l'industrie vers laquelle nous porte l'atavisme et où les talents de notre peuple pourront librement se développer. Nous devons continuer en Amérique la tradition française, cultiver les facultés que nous tenons de notre mère-patrie. « Nous ne sortons pas de la barbarie, - dit encore M. Bourassa, déjà cité, - nous nous sommes tout simplement éloignés de la civilisation. Aventuriers, nous sommes venus chercher fortune et fonder de nouvelles sociétés avec les éléments primitifs de celles dont nous sommes sortis.

« À mesure que notre vie devient meilleure, nous demandons au berceau de notre sang et de nos croyances ses raffinements intellectuels, ses corruptions avec ses splendeurs. Nous n'avons pas le choix de créer une nouvelle civilisation, nous pouvons tout au plus espérer de donner une physionomie un peu différente à celle que nous avons reçue. Notre art et notre devoir, c'est l'éclectisme, la recherche du meilleur. Tant pis si nous choisissons mal. Nous y sommes bien exposés. Au lieu d'être en progrès sur la civilisation mère, nous pouvons facilement n'être qu'une décadence... Le génie de notre race a fait de nos pères, en Europe, les maîtres du goût : conservons ici cette maîtrise dans toutes les chaires des sciences, dans toutes les expressions de l'art. Cela ne tient qu'à nous ».

Errol Bouchette

Ces belles paroles, écrites il y a déjà plusieurs années, sont encore aujourd'hui pleines d'actualité. Oui, efforçons-nous de devenir les continuateurs de cette France, mère des arts industriels, fondatrice de la grande industrie. Si depuis un siècle, grâce à des circonstances fortuites, grâce à la houille surtout, d'autres peuples ont pu fabriquer en plus grande abondance, en revanche l'histoire nous enseigne, les constatations de tous les jours nous confirment qu'aucun peuple ne sait fabriquer avec une aussi grande perfection. L'Angleterre, malgré sa vaste industrie, l'Allemagne et les Etats-Unis, en dépit de leurs barrières douanières quasi infranchissables, pour tout ce qui se fait de plus beau et de plus rare, sont les tributaires de cette race qui la première en Europe tissa la soie. Et qu'on le remarque bien, il n'est pas ici question de tableaux ou de statues, oeuvres d'artistes, mais des produits inimitables de l'art industriel français : tissus de soie et brocard, tapisseries des Gobelins dont l'institution remonte à 1450, tapis-savonnerie, d'origine presque aussi ancienne et qui vont sans cesse se perfectionnant. Ces tapis se vendent souvent plus de mille dollars le mètre carré, chiffre qui n'étonne pas lorsqu'on sait qu'un mètre de tapisserie représente quelques fois le travail d'une année et qu'il entre dans ces compositions jusqu'à quinze mille nuances différentes.

À côté de ces tissus miraculeux de soie et de laine viennent se placer les merveilles de la céramique, sèvres inestimables, émaux précieux. Mais l'industrie française est pratique aussi. Elle produit en grande quantité des objets plus à la portée des bourses ordinaires, tous marqués au coin du bon goût et d'une exquise délicatesse qui les font partout rechercher ; où rien ne sent le truquage dont les industries américaines et allemandes sont coutumières. Enfin la supériorité industrielle du groupe français brille dans les genres les plus opposés. Les modes sans cesse changeantes des confections féminines sont toutes de son invention. Il manie l'acier aussi artistement que le chiffon, et si l'Angleterre dans les Himalayas, la Russie dans la Sibérie veulent ouvrir des routes militaires dignes des Romains ou de Napoléon, c'est à lui qu'elles confieront la fonte scientifique et précise des pièces des viaducs et des ponts.

Nos compatriotes ne sont pas seulement d'excellents ouvriers industriels ; ils peuvent fournir des contremaîtres et des ingénieurs de haute valeur et surtout des patrons d'industrie prudents, audacieux et éclairés. Mais il faut pour cela que l'opinion publique admette, en principe, le développement des industries de la province française par des Canadiens français. Il est remarquable que ce principe n'est pas encore adopté par la population. S'il l'était, le régime forestier qui régit la province depuis de si longues années ne pourrait pas se maintenir ; le peuple s'insurgerait contre un tel état de chose. Mais pour que l'opinion se manifeste ainsi fortement, il faut que notre peuple acquiert quelques qualités sociales qui lui manquent et qu'il trouvera assez développés chez nos compatriotes de langue anglaise.

À cela près la race française du Canada possède toutes les qualités nécessaires pour réussir dans ces carrières. Il est même possible qu'elle reprenne au siècle actuel la prépondérance industrielle.

Nous savons également que le développement de la grande industrie en Canada est très possible, puisqu'on y trouve en abondance la matière première et la force motrice pour les machines. À ce point de vue Québec est mieux située que les autres provinces : ses cataractes sont plus accessibles, ses débouchés plus faciles, sa population enfin joint au goût français quelque chose du sens pratique anglo-saxon. Ce dernier point n'est pas à négliger pour qui veut étudier ce grand problème social, le développement du Canada français. On peut sans témérité prédire un brillant avenir pour l'industrie canadienne le jour où tous ces éléments seront mis en action. L'histoire nous montre en maints endroits les résultats merveilleux obtenus par cet effort combiné de deux races intellectuellement puissantes. Nulle part ils se manifestèrent plus éclatants qu'en Flandre, où l'industrie, le commerce et l'art atteignirent un développement inouï sous la double influence allemande et française.

Le développement des provinces flamandes et brabançonnes a été arrêté par le défaut d'espace et de territoire. Sans ces entraves elles seraient sans doute devenues le noyau d'une des plus puissantes nations de l'univers ; elles sont, malgré ces désavantages, rangées parmi les plus illustres et les plus glorieuses, Nous avons, nous Canadiens, à utiliser à peu près les mêmes éléments sociaux, mais dans des conditions plus avantageuses, puisque nous possédons un vaste territoire où nous pourrons nous développer sans entraves.

Errol Bouchette

L'idée d'une fusion des qualités de chaque race, où de part et d'autre il n'entrerait pas d'abdication, a toujours été celle que les personnes les plus éclairées de notre pays ont constamment cherché à faire prévaloir. Les hommes publics qui ont fait appel aux préjugés contraires sont bientôt rentrés dans l'obscurité. Ce sont les partisans de la paix, de l'harmonie, de l'union qui ont toujours, clans notre pays, obtenu et conservé la confiance populaire. Résultats politiques invariables qui doivent nous faire comprendre que rien en dehors de nous ne s'oppose à notre avancement.

Cette puissance industrielle que nous venons d'entrevoir c'est un héritage que nous avons à recueillir, un talent que Dieu nous a confié pour que nous le fassions fructifier. Allons-nous, comme le serviteur infidèle de l'Évangile, l'enfouir sous terre et encourir la punition des peuples qui restent sourds à la voix de la Providence ? Allons-nous, en dédaignant ce don du ciel, détruire notre idéal, tarir la source de nos gloires, brûler la pépinière dont sont sortis nos grands hommes, en élevant des générations qui, faute de carrières, grandiront dans l'indifférentisme, l'oisiveté, l'ivrognerie et toutes les odieuses immoralités qui aboutissent au crétinisme et à l'anéantissement ? Ce serait une impiété de le supposer, surtout en ce moment où nous sommes témoins des magnifiques résultats que produit la science industrielle appliquée à l'agriculture.

Mais ce n'est là qu'un premier pas.

Il faut ceindre les Laurentides d'une couronne de fabriques. Qu'elles deviennent les puissantes assises d'une civilisation qui s'alimente également des arts agricoles et des arts industriels, dont la pensée revêtant les innombrables formes de l'inspiration populaire et répandue au loin par le commerce, mette sur tous les fronts le signe que laissèrent jadis sur tous les rivages nos explorateurs et nos pionniers. C'est en adaptant aux conditions du nouveau monde le génie que nous tenons de nos pères que nous y parviendrons. Nous ne sommes pas en présence d'une question de simple prospérité matérielle. Il ne s'agit nullement d'enrichir quelques individus pour nous glorifier stupidement des dollars qu'ils pourront amasser. Non. C'est au premier chef un problème social et moral qu'il nous faut résoudre sous peine de déchoir. À ce titre aucun Canadien n'a le droit de s'en désintéresser. Mais à l'homme public qui saura parfaire cette grande oeuvre, outre la satisfaction du devoir

Chapitre 5 : La population française (suite)

accompli, il sera donné par surcroît une gloire immortelle.

Chapitre 6 : La population française (fin)
Points de contact avec les anglo-saxons

La sève française coulera toujours sous l'écorce de l'arbre canadien - Importance égale de deux races en ce pays maintenant et dans l'avenir - Elles doivent se pénétrer l'une et l'autre, tout en conservant leurs qualités spéciales, pour former un type supérieur - Nécessité d'une plèbe socialisée et d'une élite intellectuelle.

La plupart des nations américaines sont issues de colonies espagnoles ou portugaises. Une seule est d'origine anglaise, une seule d'origine française. Quelles que soient les perturbations de l'avenir, ces pays ne perdront jamais leur cachet d'origine. De même que le caractère dominant de la république des États-Unis restera anglo-saxon, bien que les greffes étrangères aient poussé plus rapidement que la tige mère, de même aussi retrouvera-t-on au Canada la sève française sous l'écorce de l'arbre national. Plus cette sève sera puissante et vigoureuse, plus l'arbre grandira, plus ses rameaux s'étendront, plus son faîte se rapprochera du ciel. Mais s'il arrivait par malheur que cette sève cessât de couler librement, l'arbre tout entier en souffrirait dans sa croissance et dans ses fruits.

C'est bien là ce qu'ont pu constater ceux qui ont étudié sérieusement la condition de notre pays. Aussi ne parlons-nous pas ici au point de vue sentimental, mais nous cherchons à exprimer ce qui est socialement vrai. C'est la nature qui veut que les nations soient diverses, qu'elles forment une gerbe de fleurs ayant chacune sa nuance et son parfum, suivant l'image si poétique de M. Gabriel Tarde.

Et c'est ainsi, qu'on le veuille ou non, qu'il surgira parmi les nations du nouveau monde, une grande nation tenant, tant par le sang que par la mentalité et le génie, des deux civilisations mères du monde moderne.

Pour ce qui regarde l'avenir, les deux races sont égales en importance, parce que chacune représente des qualités morales et sociales plus puissantes souvent que la simple force numérique. Celle-ci du reste peut changer de côté. En ce moment, au Canada, la population anglophone est de beaucoup la plus nombreuse, et l'écart numérique augmentera sans doute encore avec le peuplement des provinces de l'ouest. Mais il n'en était pas ainsi il y a un siècle, il en sera peut-être autrement dans cent ans. Qui aurait pu prévoir en 1800 que l'Allemagne aurait une population bien supérieure en nombre à celle de la France ? Actuellement, l'importance économique de l'élément anglo-saxon est, proportion gardée, plus grande que celle de la population de langue française. Ce fait n'est pas par lui-même concluant. La situation favorable du groupe anglais peut s'expliquer par les renforts constants en hommes, en argent et en connaissances de tous genres qui lui arrivent.

Qui, en 1800, aurait osé prédire que l'Allemagne, en 1900, serait la rivale industrielle de l'Angleterre ? Le groupe français, décapité au moment de la conquête a dû se reconstituer lentement et péniblement une élite, une classe pensante et dirigeante. Il l'a fait avec succès pour ce qui est des hommes politiques et des parlementaires ; la fière attitude des Canadiens français, dans cette lutte acharnée d'un demi-siècle, donne la mesure de leur force morale et de leur intelligence.

Quant à l'élite patronale, économique, agricole et industrielle, elle n'existe pas encore parmi les Canadiens français. Ils ne savent pas encore ce que c'est le patronage industriel. Mais cela viendra, il y aura éveil. Ce n'est pas ici le lieu d'entrer dans de longues explications. On admet généralement d'ailleurs les qualités intellectuelles de nos compatriotes. Mais nous désirons très vivement faire sentir la solidarité nationale de ces deux groupes. Si le Canada doit accomplir ses destinées, ils doivent marcher de pair sur la terre canadienne, être et se reconnaître égaux en gloires et en lumières. C'est dire qu'avec les âges, le Canada devra contenir une population différente et très probablement supérieure physiquement et mentalement aux autres populations américaines. À la lumière de la philosophie de l'histoire, il est permis de raisonner ainsi.

Avons-nous jamais réfléchi aux causes du succès de ces commerçants ou de ces industries qui s'établissent à l'étranger, succès si remarquable que la sagesse populaire en a tiré cet axiome, qu'il faut chercher la fortune au loin ? Nous pourrions multiplier les

Chapitre 6 : La population française (fin)

exemples pour en prouver la vérité. Il est plus court de l'établir en énonçant une règle fondamentale de sociologie. C'est que ces hommes qui cherchent ainsi fortune au loin apportent avec eux au pays de leur adoption hi mentalité de leur pays d'origine. Ils ajoutent bientôt à ces qualités premières quelque chose qui leur vient de leur entourage immédiat et qui représente la mentalité du pays où ils vivent. De cette combinaison il résulte ordinairement une supériorité, laquelle, dans les cas isolés, disparaît naturellement au bout de quelques générations. Elle devient permanente lorsque le contact a lieu entre deux races exerçant l'une sur l'autre une action constante, dans un pays ou ni l'une ni l'autre n'est socialement ou politiquement tout à fait prépondérante. C'est là une des causes de la grande diversité des peuples, c'est une des lois de l'évolution.

Cette influence des races l'une sur l'autre ne s'exerce cependant d'une façon bienfaisante que lorsque les conditions de leur contact sont favorables. Ainsi, il est avéré que les Anglo-Saxons sont en minorité dans les États-Unis d'Amérique. Les Irlandais, les Allemands, les Italiens etc... y sont bien plus nombreux. Mais ces populations d'origine étrangère aux citoyens fondateurs de la république, n'amenant avec elle rien ou très peu de chose des institutions de leurs divers pays, se hâtent d'en oublier la mentalité pour se fondre tant bien que mal dans le grand tout américain. Il est admis que cette classe d'Américains n'est pas la meilleure, surtout dans la première génération ; et chez certains groupes l'assimilation finale comporte une décadence. Quel avantage ne constate-t-on pas d'autre part chez les descendants des Hollandais Anglo-Saxons de New-York, lesquels s'enorgueillissent de leur origine batarde comme d'un titre de noblesse. Chez eux, ce n'est pas tant la race qui est supérieure, c'est quelque chose de plus : le sentiment de la puissance s'appuyant sur quelque tradition sacrée d'où germe l'aspiration irrésistible des peuples fondateurs.

À tout considérer et en dépit de toutes les prétentions, les races d'origine européenne diffèrent assez peu physiquement les unes des autres. Les types de beauté de la Grèce et de la Rome antique, sont encore les types classiques d'aujourd'hui, depuis Athènes et Rome jusqu'à Stockholm et Edimbourg. Si l'on pouvait prendre des enfants sains dans tous les pays d'Europe pour les élever ensemble absolument de la même façon, saris qu'ils connussent eux-mêmes leur pays d'origine, à leur majorité, le plus habile ethnographe pourrait très difficilement désigner l'Anglais, le Français, l'Allemand, l'Italien, le Russe. Ils sembleraient tous appartenir à une même nation, parce qu'ils seraient de formation mentale identique. Cela est tellement vrai que pour déterminer la nationalité d'un individu de race européenne, les connaisseurs tiennent moins compte de la taille, du teint et de la forme extérieure et apparenté en crâne, que de l'expression qu'imprime à la physionomie, que de la tournure que donne à toute la personne l'éducation qu'il a reçue et qui est sa mentalité, sa manière habituelle d'être et de penser.

Socialement, la population anglaise d'Ontario avec laquelle les Canadiens français ont les plus nombreuses relations, est restée profondément conservatrice. Issue principalement, mais non pas entièrement, de ces Américains qui émigrèrent après la Révolution plutôt que d'accepter les institutions républicaines, elle s'est adaptée à son milieu sans changer beaucoup le fond de ses idées. Il faut admettre que les Loyalistes eurent de forts encouragements pour persévérer dans leurs sentiments de fidélité à la couronne anglaise. Leurs sacrifices furent reconnus et appréciés par le gouvernement britannique. On les indemnisa non seulement par de larges concessions territoriales, mais aussi en argent. Le Parlement leur fit distribuer, à titre d'indemnité monétaire, une somme de plus de seize millions de dollars, en valant bien cinquante millions aujourd'hui. Et toujours dans le même esprit il leur accorda une constitution calquée en apparence, mais non pas en réalité, sur la constitution britannique.

Il était nécessaire, dans les circonstances, de faire des concessions semblables à la province française laquelle s'en servit aussitôt comme d'un instrument d'émancipation. On sait que les deux groupes finirent par suivre, en fait de visées politiques, des chemins parallèles, et que c'est vraiment de leur lutte pour la plénitude du gouvernement responsable que sortit le système impérial moderne. Cette circonstance fut, dès l'origine, un premier point de rapprochement entre ces éléments si différents. C'est grâce à elle que les institutions publiques sont pratiquement les mêmes dans toutes les provinces de la Confédération. Les mœurs publiques le sont aussi ; il est vrai que celles-ci ne sont pas toujours aussi

Chapitre 6 : La population française (fin)

parfaites qu'on pourrait le souhaiter, ce qui contraste parfois péniblement avec la moralité que l'on remarque chez les Canadiens de toutes classes dans leur vie privée et particulièrement chez la population d'Ontario. Nous ne prétendons point que la moralité proprement dite soit moindre dans le groupe français, mais il est incontestable que l'on trouve beaucoup moins de traces dans Ontario de cet état maladif que nous avons signalé chez la population de Québec. Cela provient sans doute, du moins en partie, de ce qu'Ontario se trouve dans de meilleures conditions économiques. Et cet avantage, nous l'avons vu, s'explique en premier lieu par la formation sociale du groupe ; ensuite par l'abondante pluie d'or qui est tombée sur les premiers colons, et qui leur a permis de fonder de solides établissements ; enfin, par l'importance du capital anglais qui est venu un peu plus tard commanditer la plupart de leurs industries.

Les Ontariens, à l'aise dès le début, ont su rendre leur aisance permanente en faisant de leur richesse le meilleur usage possible. Ils ont établi un admirable système d'écoles primaires. Cependant, comme il semble naturel aux hommes de s'opposer tout d'abord aux grandes réformes destinées à augmenter leur somme de bonheur, le projet rencontra au début beaucoup de résistance et il est certain que les écoles d'Ontario ne seraient pas ce qu'elles sont, malgré les efforts de feu le révérend docteur Ryerson, si cet apôtre de l'instruction publique dans Ontario, plus heureux que le docteur Meilleur dans Québec, n'eût trouvé un puissant allié dans la personne de lord Elgin. Celui-ci était gouverneur-général au moment où le système Ryerson fut soumis au jugement populaire. Gradué d'Oxford, ayant étudié tous les systèmes européens, chose fort rare à cette époque, il sut appuyer le projet d'arguments précis qui, venant d'un tel personnage, eurent une influence déterminante sur le résultat. En 1876, le docteur Ryerson se retira du poste de surintendant. Il fut remplacé par un ministre responsable à la tête du ministère de l'instruction publique, lequel, continuant son oeuvre en améliorant, l'a conduite à la perfection relative que nous admirons aujourd'hui. C'est ainsi que nos compatriotes d'Ontario, par les soins qu'ils ont prodigués à l'enfance, ont fait la vie sociale plus large, la vie familiale moins étroite que dans la province de Québec. L'individu, parmi eux, a plus immédiatement conscience

Errol Bouchette

du devoir pratique.

Citons-en un exemple frappant.

La dette provinciale de Québec, contractée pour des fins d'utilité publique, est de $37,395,595 (1901) ; sa dette municipale représente peu de chose. Ontario n'a pas de dette provinciale, mais sa dette municipale est de $57,172,712 (1901). Les municipalités de la province n'ont pas craint d'escompter l'avenir dans l'intérêt de leurs besoins locaux et il est probable que ces emprunts seront plus profitables à la chose publique que ceux du gouvernement de Québec, puisque la prospérité des villes et des villages attire le commerce et l'industrie, voire même le chemin de fer non subventionné.

Ainsi, nous le constatons, l'œuvre de l'école aidant aux hérédités préexistantes, a permis à la population de langue anglaise, surtout dans la province d'Ontario, de développer les qualités individualistes qui permettent aux hommes de se suffire à eux-mêmes dans la vie privée. Il en résulte un type énergique, débrouillard, actif, rarement en peine pour gagner largement le pain quotidien et ne craignant pas de risquer quelque chose pour acquérir le superflu.

M. John Millar, sous-ministre de l'Instruction publique, disait en 1893 : « Le système d'éducation dans Ontario est digne d'un peuple libre. Ses fruits ne sont pas difficiles à découvrir. Dans les campagnes les plus éloignées comme dans les villes, fines et garçons sont assoiffés de savoir. Équiper leurs enfants pour la bataille de la vie en leur procurant une éducation morale et intellectuelle, voilà l'ambition des parents dans toutes les parties de la province ». Le gouvernement, dit-il ailleurs, s'est efforcé de mettre en pratique ces belles paroles de Milton : « Une éducation complète et généreuse est celle qui met l'homme en état d'accomplir avec justice, science et magnanimité, les devoirs publics et privés, tant de la paix que de la guerre ».

Si nous acceptons cette définition de Milton, qui, en effet, est générale et excellente, nous aurons à féliciter nos compatriotes d'Ontario d'avoir su accomplir une partie importante de leur devoir envers la jeunesse, c'est-à-dire envers le pays. Pour tout ce qui regarde les devoirs de la vie privée, il est certain que le système scolaire de la province est très recommandable. Mais pour ce qui est des devoirs publics du citoyen, il nous semble qu'il y aurait certaines réserves à faire. Le devoir public suppose des citoyens assez éclairés pour comprendre, mais il requiert aussi une élite intellectuelle assez détachée des choses purement utilitaires, assez élevée au-dessus de la masse, pour l'embrasser toute d'un coup d'oeil d'ensemble, pour fournir, en un mot, les chefs de la nation. Or il nous semble que, pour former de tels hommes, il faut un foyer plus intense que les High Schools ou les Collegiate Institutes, excellents dans leur genre, mais qui n'approchent ni du Upper Canada College, qui est un centre à peu près unique dans la province sœur, ni des collèges classiques tant décriés de la province de Québec. Nous pouvons en suivre les effets à ce degré supérieur de l'échelle sociale où les intérêts matériels de l'individu deviennent jusqu'à un certain point secondaires. Là, malgré leurs désavantages aux degrés inférieurs, les Canadiens de langue française sont incontestablement aujourd'hui, comme ils l'ont toujours été, au premier rang. C'est sans doute que le régime intellectuel qu'ils ont subi comporte une sélection plus rigoureuse, et les entoure de difficultés telles qu'ils doivent succomber ou s'élever très haut. Naturellement, c'est le petit nombre qui s'élève ; mais ne dirait-on pas, à étudier l'histoire du monde, que ces sacrifices sont la condition nécessaire de la gestation qui produit l'élite ? Parmi les éléments qui composent nos chambres législatives, un des plus admirables, sans doute, est celui qui comprend les négociants, les industriels et les hommes de métier, lesquels, après s'être fait une carrière honorable et prospère, viennent consacrer leurs lumières et leur expérience au service de leur pays, « otium cum dignitate ». Dans la masse de la représentation populaire, c'est peut-être l'élément le plus sain. Mais nous savons tous que ce n'est pas de là que surgissent les vrais dirigeants. Ceux-ci se recrutent parmi des hommes qui souvent ne semblent pas très pratiques, mais qui planent dans les hautes régions de la pensée. Ils peuvent nous apparaître de prime abord peu armés pour le « struggle for life ». Quelquefois on sera tenté de dire, on dit même bien souvent, avant qu'ils aient fait leurs preuves : ce sont des rêveurs, des inutiles, ils ne savent rien de la vie pratique. Ces jugements sont parfois téméraires. « En général, dit Ruskin, l'œuvre bonne et utile, qu'elle soit de la main ou de la tête, est peu ou point payée. Je ne dis pas que cela devrait être, je dis qu'il en est toujours ainsi. Règle générale on paye qui nous amuse ou qui

Errol Bouchette

nous trompe, et non pas qui nous sert. Cinq mille livres l'an au hâbleur, vingt sous par jour au soldat, au laboureur, au penseur, c'est la règle. Les meilleures oeuvres d'art, de littérature, de science, ne sont jamais payées. Combien pensez-vous que Homère obtint de son Illiade ? ou le Dante de son Paradis ? On ne leur en donna que du pain amer dans la maison d'autrui. En sciences, celui qui inventa le télescope et qui le premier vit le ciel, fut payé d'un cachot ; celui qui inventa le microscope et qui le premier vit la terre fut chassé de sa demeure et mourut de faim ; il est clair que Dieu veut que toute œuvre excellente soit faite pour rien ». Ne nous hâtons donc pas de proclamer que l'enseignement dit utilitaire est la seule qui vaille ou même la plus utile en fait. Admirons ces grandes universités où, comme à McGill et à Toronto, l'on enseigne avec tant de soin et de succès les sciences appliquées à l'industrie, mais ne méprisons pas ces institutions plus humbles où parfois la pensée prend un essor plus puissant et plus original.

Nous adressant à la population canadienne-française, dont un des grands besoins est précisément une bonne et solide instruction pratique, nous osons à peine signaler les inconvénients auxquels cette chose si excellente en elle-même peut donner lieu. Cependant la justice nous -oblige d'admettre que la demi-instruction des masses entraîne de fâcheuses conséquences sociales et politiques. Il est douteux que les notions superficielles, acquises dans des écoles inférieures, vaillent la vieille sagesse traditionnelle des populations peu lettrées. Une foule sachant lire et écrire peut à la rigueur être plus ignorante qu'une foule illettrée qui s'inspire de la saine raison. Celle-ci connaît son ignorance et se défie d'elle-même ; celle-là se croit plus capable de juger et elle est peu maniable. Sa tendance est de rejeter tout ce qui ne représente pas pour elle un intérêt immédiat. Tout autant que la première elle peut s'éprendre de préjugés ; elle peut plus facilement s'abandonner à la colère et à l'injustice. Les éléments idéalistes et pratiques sont nécessaires dans toute organisation sociale et il n'existe aucune raison pour qu'on ne les développe pas chez les deux races.

Nous savons qu'au point de vue de la richesse économique, la population de langue anglaise du Canada, celle du moins qui habite la province d'Ontario, est plus avantageusement située que la population française. Nous avons indiqué plus haut quelques-unes

Chapitre 6 : La population française (fin)

des causes de cette différence, qui n'est du reste ni très grande, toute proportion gardée, ni décisive pour l'avenir.

Ontario n'est pas exempt du mal social qui mine Québec ; ce mal y est moins intense, mais il existe, et le mouvement de la population le prouve. L'émigration chez un peuple peut être, quelquefois, provoquée par un surcroît de population, cependant c'est là une exception. Presque toujours elle a pour cause quelque vice économique et social. Suivant les circonstances où elle se trouve, suivant sa formation sociale surtout, une population se révolte contre le mal qui l'accable, ou elle émigre.

Dès 1858, M. Louis Viardot, en étudiant l'émigration prodigieuse de la population écossaise, prédisait les difficultés économiques présentes du Royaume-Uni. La décadence agricole, effet « voulu », par les grands propriétaires d'une part et par l'industrialisme de l'autre, porte aujourd'hui ses tristes fruits. Même dans les Îles Britanniques, le surcroît de population n'est qu'une des causes secondaires de l'émigration. L'Ontarien émigre tout comme le Québécois. Il se porte vers l'Ouest canadien, mais surtout vers les États-Unis. La province est donc encore loin de constituer un foyer d'appel aux travailleurs, la vie nationale n'y est donc pas complètement saine. Ontario perd non seulement ses cultivateurs et ses artisans, mais aussi son élite.

M. Morley Wickett fait observer que la plupart des jeunes spécialistes canadiens finissent par s'en aller aux États-Unis. C'est que les champs d'activité industrielle manquent au Canada. Il nous semble donc que les deux provinces souffrent d'une anémie dont le remède serait l'organisation de la grande industrie d'exportation. Mais elles doivent surtout diriger leur effort vers ces fabrications dont elles produisent en abondance les matières premières. Nous voulons parler naturellement des produits de la forêt qui font présentement la richesse de la Suède et de la Norvège, où on les exploite beaucoup plus scientifiquement que chez nous. Ces pays offrent plus d'une analogie avec les provinces centrales du Canada.

Les provinces de l'Est et de l'Ouest ont la houille. Graduellement, leur industrie se développera et prendra avec le temps et lorsqu'elle sera devenue assez puissante pour soutenir la concurrence, une importance mondiale ; mais ils auront pendant longtemps, toujours peut-être, de formidables concurrents. Les provinces du centre, avec leurs forêts et leurs chutes d'eau, seront, dès qu'elles le voudront, pratiquement les maîtres des marchés. Chacune peut travailler indépendamment de l'autre à cette œuvre importante. Toutefois pour que la réussite soit complète, il serait préférable qu'elles se prêtassent un mutuel concours, que l'industrie d'Ontario s'inspirât de l'esprit artistique français, que l'industrie québécoise empruntât quelque chose de l'esprit pratique qui distingue l'Anglo-Saxon.

L'entente entre les races canadiennes est importante au point de vue économique et national. Elle l'est aussi au point de vue plus large de la civilisation du monde. Ceux qui voudraient étouffer l'essor de l'une ou de l'autre de ces races feraient, inconsciemment peut-être, œuvre réactionnaire et anti-sociale ; œuvre stérile aussi, car on ne refoule pas le courant des rivières. Les barrages ajoutent à leurs forces. Il n'y a qu'un moyen d'arrêter le progrès national et normal d'une race saine, c'est de l'exterminer.

Celle des deux races canadiennes qui saura, tout en conservant intactes ses qualités propres, s'assimiler les qualités maîtresses de l'autre, sera nécessairement la plus prospère et la plus influente, car elle sera la plus civilisée. Et lorsque nous voyons des penseurs comme Ruskin s'efforcer d'inculquer à leurs compatriotes ces idées qui sont de l'essence même de la mentalité française ; lorsque nous suivons d'autre part en France la croisade persistante de Le Play, Tourville et Demolins en faveur de la formation sociale anglaise, la conclusion s'impose que le progrès social et civilisateur veut une combinaison de ces éléments. Elle se fera, mais bien lentement, car les peuples comme les hommes s'accoutument à leurs infirmités et il leur en coûte toujours beaucoup de se soumettre à l'opération qui doit les guérir. Nous sommes donc en présence d'une solidarité inévitable qu'il faut accepter et convertir en puissance par les moyens de l'entente et de la coopération.

Ce seul mot de coopération, dans son sens large et véritable, implique un degré plus avancé de civilisation que celui qui existe maintenant dans la plupart des sociétés humaines. C'est l'expression d'une idée économique dont la puissance grandit sans cesse.

Dans presque tous les pays, il s'est trouvé une élite qui en a com-

Chapitre 6 : La population française (fin)

pris l'importance et qui s'est groupée pour la répandre. Produire et acheter à meilleur compte, telle fut sa modeste origine. Mais l'importance sociale de l'idée n'a pas tardé à se faire jour. Les groupes disséminés de travailleurs se sont tendus la main à travers les frontières, ils se sont réunis pour coopérer plus efficacement à l'oeuvre de la coopération. Une ligue internationale s'est formée, et le président actuel de cette ligue est son excellence le comte Grey, l'avant-dernier gouverneur-général du Canada. Ce titre n'est pas le moindre de ceux qu'il porte avec tant de dignité. Pour notre part nous y voyons un présage encourageant. La pensée que nous aurons à exposer dans la suite de ces pages n'est, au fond, que la coopération appliquée largement à l'avancement de la population canadienne. Il nous tarde d'entrer au cœur même du sujet. Avant de le faire cependant, il nous paraît indispensable d'examiner briè- vement ce que doit être l'éducation nationale de notre peuple, s'il veut s'armer pour la conquête de l'avenir.

Chapitre 7 : L'Éducation nationale

Influence de l'éducation des individus sur la formation sociale d'un peuple - L'enseignement au point de vue national - La modification des études classiques - Nécessité absolue d'une meilleure instruction primaire.

Le lecteur qui a eu la complaisance de nous suivre jusqu'à présent a déjà pu s'apercevoir que nous ne poursuivons pas ici un simple exercice académique. Croyant fermement que l'évolution et le pro- grès sont la condition d'être des peuples sains, nous sommes aussi convaincu que l'immobilité, ou même ce progrès lent qui ne vient que de la poussée extérieure, est pour une race l'indice précurseur d'une décadence certaine.

Il nous semble d'autre part incontestable que les peuples sont presque toujours les maîtres de leur sort. Il est sans doute des cir- constances qu'ils sont forcés de subir, mais jamais ils ne doivent courber la tête ni accepter la défaite définitive. S'ils le font, leur châtiment est bien pis que la mort. Leur devoir, c'est de combattre, quelquefois dans une lutte sanglante, l'ennemi extérieur, toujours et à tout instant les ennemis de l'intérieur, plus insidieux et plus redoutables qui s'appellent ignorance, vice, et apathie. Et dans un tel combat la victoire est complète pour le peuple qui le soutient avec constance. L'histoire du monde, étudiée à la lumière de la science moderne, le prouve.

C'est par l'éducation qu'on forme les nations et qu'on leur inspire les vertus qui assureront leur survivance. L'on peut distinguer de remarquables modifications dans l'ensemble des sentiments et des aspirations qui régissent les sociétés humaines à travers les siècles. Les passions qui meuvent l'homme à l'état sauvage ne sont pas celles qui l'inspirent lorsqu'il a acquis la civilisation. Tous les hommes, il est vrai, ont au cœur l'amour et l'ambition, mais ces mots expriment des idées bien différentes suivant le degré de culture des individus et des populations que la passion, c'est-à-dire la vie même, pousse en avant vers un idéal mystérieux dont il semble que le culte du beau et du bon, c'est-à-dire de la vertu, puisse seul nous rapprocher.

L'amour et l'ambition chez l'homme primitif ne sont que des sentiments brutaux qu'il satisfait par violence, comme font les animaux inférieurs dont il partage les habitudes et les instincts. On peut distinctement suivre la progression de l'esprit humain dans la période historique, pourtant si confuse et si cour-te. Elle nous montre l'homme émergeant graduellement de la barbarie. C'est qu'il a enfin conquis la pensée écrite qui lui permet de transmettre et d'accumuler les impressions qui sont l'éducation, la science des choses.

Aux grands jours de la Grèce et de Rome, la culture humaine paraît atteindre un apogée. Mais dans les civilisations antiques la lumière ne luit que pour les classes privilégiées. Les masses restent encore esclaves, ignorantes et presque bestiales. Aussi suffit-il d'un vent de barbarie pour éteindre, en apparence du moins, cette flamme encore vacillante, et la nuit se fait de nouveau sur la terre. On dirait que l'humanité rétrograde ; les hautes connaissances acquises semblent perdues avec les manuscrits, précieux héritages des ancêtres. Elles ne le sont que momentanément. Le feu de la science, qui a couvé sous la cendre, renaît bientôt plus ardent pour éclairer et réchauffer tous les hommes cette fois. Car une parole sublime a retenti en Galilée, et cette parole fait de l'amour la religion universelle ; elle dirige les ambitions humaines vers le relèvement de toute l'humanité et donne, du même coup, la maîtrise de l'univers aux pays qui s'inspirent de l'idée chrétienne. C'est alors que les passions transformées deviennent des vertus resplendissantes qui élèvent l'homme autant au-dessus de ses ancêtres primitifs que la nature avait élevé ceux-ci au-dessus des organismes inférieurs de la création.

Il existe aujourd'hui, parmi les hommes, les civilisations les plus hautes qui furent jamais. En théorie, tous doivent y participer, ce qui est déjà un immense progrès sur l'idée fondamentale des sociétés antiques, mais dans la pratique, il n'est pas vrai de dire que tous les hommes participent à la civilisation qui naquit de l'idée chrétienne. On trouve encore des hommes à l'état sauvage ; d'autres sont des barbares ou des demi-civilisés ; on peut même en citer qui après avoir atteint une haute civilisation sont retombés dans la barbarie. C'est que l'homme, comme la terre, demande une culture incessante, sans quoi il retourne à l'état sauvage.

Parmi les nations dites civilisées, il s'en faut de beaucoup que toutes atteignent au même degré de culture, ou que leur mode de progression soit identique. Les unes semblent rester presque stationnaires, bien que vivant parmi les trésors de l'art et de la science ; d'autres, tout en proclamant leur amour de l'idéal, s'enlisent dans un matérialisme grossier. Entre ces deux extrêmes on trouve toutes les nuances. Mais chez toutes les nations nées d'une même idée civilisatrice, on distingue une certaine ressemblance parce que l'éducation chez elles est basée sur un même principe moral fondamental plus ou moins parfait. C'est ce qui explique les différences profondes entre les Asiatiques et les Européens.

Dans un même pays, il est facile de noter les degrés de culture, c'est-à-dire d'éducation parmi les citoyens, et cela sans tenir compte des divisions sociales régulières. Une foule rurale se distingue d'une foule citadine, cela va sans dire ; on ne confond pas une réunion d'ouvriers avec un rassemblement d'étudiants.

Il existe, en dehors de cela, des distinctions dans une même classe et dans toutes les classes prises dans leur ensemble. Si, dans une foule quelconque, on remarque un air général de bien-être et de bonne conduite, si hommes et femmes soignent leur tenue et leur langage, si chez eux la beauté morale se traduit au dehors par une beauté physique très perceptible, si le bon goût se manifeste dans le maintien, dans le vêtement, et surtout dans la manière d'être des sexes à l'égard l'un de l'autre, on reconnaît aussitôt un milieu de vraie civilisation d'où rayonne, partout et toujours plus étendues, certaines idées saines qui sont les fruits de l'éducation, c'est-à-dire de la direction qu'on imprime à l'enfant dans la famille et à l'école, et qui est l'origine de l'habitude des vertus où il se confirme plus tard. En étouffant les germes du mal, en cultivant ceux du bien, on a formé un peuple fort et prospère, et c'est à lui qu'appartient l'avenir.

Souvent un spectacle tout contraire se présente à nos yeux. Des gens bruyants et grossiers tiennent sans honte des propos bas, vulgaires et inconvenants. Partout règne le mauvais goût, la propreté est douteuse, les mises négligées, les traits sont altérés par l'ivrognerie et les excès. Les hommes ne respectent guère les femmes qui, à vrai dire, inspirent bien peu le respect, tandis que l'enfant misérable a perdu le charme ordinaire de l'enfance et ne provoque qu'une pitié où il entre involontairement de la répugnance et du dégoût. L'éducation d'une telle foule s'est faite au cabaret ou dans des lieux peut-être plus infâmes.

L'on sait par expérience combien il est difficile de racheter ces sociétés corrompues. De même que la bonne éducation et la culture, arrivées à un certain degré, font rapidement école, de même aussi la bassesse et le vice, fruits de la mauvaise éducation, forment, à un certain degré de dépravation sociale, un tourbillon qui balaie de la face de la terre les sociétés qu'il atteint.

L'influence de l'éducation se manifeste ainsi de mille manières. Tel groupe de population fournit presque exclusivement des hommes d'affaires et des commerçants, sans donner sa juste proportion d'hommes d'État, de littérateurs et d'artistes : c'est une armée sans généraux. Tel autre groupe, c'est le cas des Canadiens français de nos jours, produit un certain nombre d'hommes publics illustres sans que les autres puissances sociales se développent suffisamment. L'échelle demeure vide aux degrés intermédiaires et même à certains des échelons supérieurs, car, dans une telle société, les artistes et les savants restent incompris et se dirigent vers les pays où ils trouvent un public et une carrière ; on y voit des généraux

Chapitre 7 : L'Éducation nationale

sans armée. Dans les deux cas on peut conclure à un vice radical dans l'éducation nationale.

L'on pourrait multiplier presque à l'infini les exemples pour établir que l'éducation nationale systématique et saine est la condition essentielle, non seulement d'un état économique et social favorable, mais encore de l'existence d'un sentiment vraiment religieux et chrétien chez les individus. Les ignorants ne peuvent pas être des chrétiens et des citoyens, parce que ces deux qualités ne se trouvent que chez l'homme civilisé, et que l'homme vraiment ignorant est un barbare.

Quel autre nom lui donner, puisqu'il n'obéit que par habitude ou par crainte à des lois morales et sociales qu'il n'est en état ni de formuler ni même de comprendre.

Dans nos sociétés démocratiques, le peuple dicte ou croit dicter ses lois : c'est « le résultat d'une évolution intellectuelle », disait Claudio Jannet. Quel effondrement social pour les populations ignorantes ! Mais quelle puissance pour le bien entre les mains de celles qui savent en faire usage !

Ce point est clairement expliqué par un évêque américain. Mgr Chatard, cité par le même auteur : « Dans le monde entier, un changement s'opère de l'ordre des choses ancien à un nouveau, de l'état de tutelle dans lequel la masse du peuple vivait dans toutes les contrées, à la liberté individuelle qui existe parmi nous et qui fait graduellement son avènement ou s'accroît dans toutes les nations civilisées. Ce changement fait continuellement surgir des idées qui doivent être examinées et sur lesquelles il faut se prononcer. Cela exige une grande activité d'esprit et une grande lutte d'opinion qui a ses avantages. Nous ne sommes pas effrayés de l'usage de la raison ». « Si telle est] !essence de la démocratie, conclut Claudio Jannet, nous ne pouvons espérer qu'étant tout-puissante elle n'obéisse volontairement aux lois de la justice et de la raison qu'en l'instruisant et l'élevant ».

Donc, pour élever le peuple à la hauteur de sa mission, il faut lui donner l'instruction, et surtout l'éducation, en créant et développant des hérédités utiles à la race et à la nation physiquement et intellectuellement, en formant une élite nécessaire aux progrès de tous, en organisant systématiquement l'enseignement populaire de façon à lui imprimer une direction saine et vraiment nationale.

Il va sans dire que ces divisions sont arbitraires ; elles ne peuvent dans la pratique se séparer et ne sont utiles que pour la plus grande clarté d'une étude. Un professeur de Chicago les résumait toutes lorsqu'il disait : « Le but de l'école c'est de socialiser l'enfant ». Cet aphorisme semblerait avoir été inspire par l'admirable traité de M. Alfred Fouillée sur « L'enseignement au point de vue national », auquel nous avons emprunté la classification ci-dessus, parce qu'elle nous paraît si bien s'appliquer à la population du Canada, surtout à la française.

Expliquons-nous maintenant sur ces divers points :

« Il faut, dit M. Fouillée, créer par l'éducation des hérédités utiles à la race physiquement et intellectuellement. La vraie éducation est celle qui au lieu de stériliser les cerveaux par l'épuisement de leurs forces, les rend de plus en plus féconds par le développement de capacités variées ». Il nous semble, en effet, que lorsqu'il s'agit de l'éducation nationale, créer et plus encore développer des hérédités est un point capital. Car s'il est incontestable que l'éducation et l'instruction, poussées longtemps dans un sens déterminé, peuvent créer certaines hérédités et modifier le caractère national, il est évident aussi que si la nation dont il s'agit présente, comme la nation française par exemple, certains caractères de haute supériorité qui sont devenus héréditaires, ce sont ceux-là qu'il importe de conserver et de perfectionner tout d'abord. En les développant on arrive précisément à la formation de cette élite qui est essentielle au progrès de la nation tout entière.

Récemment, en France, dans le but très louable en soi de fortifier les études scientifiques et techniques, on s'est élevé fortement contre les études classiques poussées à outrance ; l'on a demandé un cours plus pratique, et l'on a donné dans l'excès contraire. On ne parla plus que de l'enseignement des sciences. Comme si la science, la véritable science, pouvait s'inculquer d'emblée à des esprits insuffisamment préparés ! Comme si on pouvait raisonner juste avant que d'avoir fait ses « humanités »... Les fortes études classiques, la gymnastique intellectuelle qui élève la pensée humaine au-dessus des détails et des spécialités pour l'amener à envisager le monde dans son ensemble, de comprendre, en autant que les hommes peuvent le faire, la beauté et la vérité pures qui lui inspirent l'amour de l'idéal et quelque chose du désintéressement de l'idéologue tant décrié, voilà précisément ce qui a fait la grandeur de la race, de la pensée française, c'est ce qui fait qu'elle marche à la tête de la civilisation. Vouloir supprimer ces hautes études, cesser de cultiver ce sol si fécond, ce serait un suicide national pour la Nouvelle-France comme pour l'ancienne.

Cela dit, admettons que la critique sévère qu'on a faite des collèges classiques et des lycées n'est pas dépourvue de vérité. Nous ne croyons pas que M. Demolins, M. Jules Lemaître, et tant d'autres censeurs, aient voulu autre chose que la réforme de cette grande institution, de cette méthode d'enseignement éminemment philosophique, de cette pépinière d'hommes supérieurs.

Quant à M. Fouillée, il demande une organisation d'enseignement secondaire ou classique unique et générale avec de simples ramifications finales déterminées par les aptitudes. Sa conception nous semble la plus belle et la plus juste de toutes et nous osons la traduire par une image qui nous parait l'expliquer.

Les études classiques actuelles peuvent se comparer à un beau peuplier de Lombardie qui dresse sa tête très haut dans les airs et domine tous les arbres d'alentour. Mais à côté de lui s'élève un orme également majestueux, nourri d'une sève non moins puissante. Seulement ses branches, au lieu de pousser simplement en hauteur, s'étendent et forment un large abri. C'est à ses pieds que l'on viendra de préférence chercher l'ombre et la fraîcheur. Il est aussi beau et aussi grand que son voisin, mais il est plus utile. Le peuplier représente l'ancien enseignement classique rigide. L'orme c'est l'école nouvelle, les classiques réformés qui laissent subsister l'institution ancienne, l'embellissent, la fortifient et étendent ses bienfaits à toutes les sciences, à tous les arts, qui jusqu'à ces derniers temps s'en croyaient exclus.

Cette réforme n'a rien d'impossible, puisqu'il ne s'agit ni de toucher au fond même de l'institution, ni de surcharger les programmes de sujets nouveaux. Ce serait là précisément rétrograder. L'enseignement technique des sciences hors de propos abaisse plutôt qu'elle n'élève l'intelligence par la confusion qu'elle y fait naître. C'est tout au plus si l'élève en retient certains mots baroques dont le sens lui échappe souvent. Ce qu'il faut, c'est appliquer à l'enseignement de la science la même méthode philosophique qui préside à l'enseignement des lettres. Il faut « humaniser » la science.

« D'abord, dit M. Fouillée, il faut montrer dans les sciences le côté humain, la part de l'esprit dans leur formation et dans leurs découvertes ; c'est-à-dire que la méthode de chaque science, qui est une application de la logique générale, devrait être l'objet d'une étude particulière et attentive. Cette logique, d'ailleurs, ne serait pas toute abstraite, car elle pourrait s'accompagner de grands exemples fournis par l'histoire des sciences. »

« Il est des vérités scientifiques, dit Descartes, qui sont des batailles gagnées ; racontez aux jeunes gens les principales et les plus héroïques de ces batailles : vous les intéresserez ainsi aux résultats mêmes des sciences et « vous développerez chez eux l'esprit scientifique », au moyen de l'enthousiasme pour la conquête de la vérité ; vous leur ferez comprendre la puissance de raisonnement qui a amené les découvertes actuelles et qui en amènera d'autres. Quel intérêt prendraient l'arithmétique et la géométrie si on joignait un peu de leur histoire à l'exposition de leurs principales théories, si on assistait aux efforts des Pythagore, des Platon, des Euclide, ou, plus tard, des Viète, des Descartes, des Pascal, des Leibnitz ! Les grandes théories, au lieu d'être des abstractions mortes et anonymes, deviendraient des vérités vivantes, humaines, ayant leur histoire, comme une statue qui est de Michel-Ange, comme un tableau qui est de Raphaël ».

C'est cet esprit scientifique, qui fait aimer la science et ne surcharge pas l'esprit de détails, qu'il faut introduire dans les études classiques qui forment et qui doivent continuer à faire la base des études dans le Canada français. Le même système, introduit dans les autres provinces, donnerait à tout le Canada une supériorité marquée sur les autres peuples américains.

C'est ainsi qu'on approcherait du désidératum de Demolins, l'étude de l'homme par l'observation méthodique et comparée, c'est-à-dire la science sociale, guide des études nouvelles. L'élève comprendrait alors que toutes les carrières sont honorables, il recevrait un entraînement qui le préparerait aux hautes recherches scientifiques aussi bien qu'aux professions dites libérales et nous verrions diminuer, dans de notables proportions, le nombre des déclassés.

De telles réformes sont à la portée de toutes nos institutions d'enseignement secondaire ; et si ces lignes venaient à tomber sous les yeux de certains de nos excellents directeurs de collèges, ceux-ci se rendraient sans doute mieux compte que nous de la portée de ces brèves considérations, résumé de travaux de spécialistes auxquels nous avons osé ajouter quelques réflexions de notre cru. Exerçant depuis de longues années avec dévouement et abnégation la noble profession d'instituer, ils ne manqueraient pas alors de comprendre dans quel esprit nous les leur offrons.

Avant de quitter cette partie de notre sujet, faisons encore une observation.

À la direction intellectuelle on devrait joindre l'entraînement physique. À notre avis c'est là une partie de l'éducation qu'on néglige beaucoup trop. La plus solide instruction est inutile si le corps est souffrant. Comment entreprendre la lutte pour l'existence si la santé fait défaut ? Nous voudrions aussi voir raser les hautes murailles qui entourent trop souvent les collèges. Que le jeune homme s'accoutume de bonne heure à la liberté dont il doit jouir plus tard. Il apprendra alors à s'en servir sans en abuser. C'est là l'essence même de cette école d'initiative dont les peuples anglo-saxons nous donnent l'exemple. Le sentiment de la liberté et de la force inspire une noble franchise, une audace saine et modérée aux esprits bien préparés par de fortes études. Ces réformes auront aussi l'avantage d'augmenter de beaucoup la population des universités où de nouvelles chaires se formeront pour répondre aux besoins nouveaux qui se manifesteront.

Cependant, nous ne pouvons trop le répéter, le Canada français n'aura de fortes études secondaires et supérieures qu'en autant que la condition générale sociale et économique du pays sera saine. Elle ne sera jamais saine sans une bonne éducation populaire. C'est ce que la population anglaise du Canada comprend bien mieux que nous à l'heure présente. Sans cette condition essentielle, les efforts les plus héroïques de la part des directeurs des collèges n'empêcheront pas le niveau des études de s'abaisser graduellement.

On peut en étudier une preuve contemporaine, parmi beaucoup

Errol Bouchette

d'autres, en Islande. Cette île perdue dans la mer polaire fournissait autrefois des savants à l'Europe. Elle n'en fournit plus depuis que l'état économique de la population ne permet pas de recruter des étudiants et de maintenir les collèges. Ceci nous amène à dire quelques mots de la troisième division de cette étude, l'organisation systématique de l'enseignement de façon à lui imprimer une direction saine, vraiment sociale et nationale.

Ici la question s'élargit considérablement. Il n'est plus question seulement de la formation de l'élite sociale, œuvre pour laquelle, nous l'avons vu, le Canada français est assez convenablement outillé. Il s'agit de l'enseignement à tous les degrés, et plus spécialement de l'enseignement primaire qui forme la vraie base de l'éducation d'une nation moderne.

Que faut-il faire pour rendre l'enseignement primaire systématique, sain, social et national ?

Avant de répondre à cette question, examinons s'il y a nécessité d'une réforme, et pourquoi nous ne saurions nous contenter du système actuel, puisqu'il est prouvé que le nombre des illettrés diminue assez rapidement dans le Canada français. On pourrait répondre tout d'abord que si la comparaison avec le passé est à l'avantage du présent, cette comparaison est encore très défavorable et humiliante pour le groupe français, si on la fait avec les autres groupes de population du Canada.

Mettons-nous cependant à un point de vue plus élevé ! Écoutons encore M. Fouillée : « Plus la civilisation fait de progrès, plus la force appartient à tout ce qui est organisé systématisé, organisé hiérarchiquement... La nation qui saurait introduire dans l'enseignement l'organisation la plus puissante et la plus vive aurait, par cela même, dans le domaine intellectuel, une supériorité analogue à celle des gouvernements et des armées fortement organisés ».

Nous pouvons voir aux États-Unis une preuve de la vérité de cette observation. L'enseignement n'y est pas toujours recommandable. Généralement, on y néglige l'idéal pour s'attacher trop à la méthode exclusivement utilitaire. Mais il est un point sur lequel on idéalise, et même à outrance, c'est lorsqu'il s'agit d'inspirer aux enfants, avec l'amour de la patrie, une haute opinion de sa grandeur. Comme conséquence, tous les jeunes Américains, sont des patriotes ardents sinon éclairés, prêts à exalter toute idée qui semble devoir agrandir et glorifier leur pays. C'est la contemplation superficielle de ces résultats qui a fait tomber un grand esprit comme Herbert Spencer dans l'erreur, à notre avis du moins, qui lui fait placer au premier rang l'éducation purement utilitaire. Spencer resta toute sa vie l'ennemi des docteurs des grandes universités classiques d'Angleterre. Les universités, il est vrai, n'avaient pas compris la doctrine de l'évolution dont Spencer s'était fait l'apôtre, mais il nous semble incontestable que si, avec son génie, celui-ci avait eu l'avantage de leur entraînement intellectuel, il aurait évité certaines erreurs où il s'est entêté. Du reste, il fut un précurseur, un de ces esprits indépendants et vastes qui ne tombent pas dans la règle commune, et qui restent grands dans leurs égarements comme dans leurs découvertes.

Le peu d'enseignement primaire qu'on accorde à l'enfance dans la province de Québec est peut-être sain, bien qu'il soit permis d'en douter lorsqu'on examine de près la valeur des instituteurs. Selon nous, l'enseignement n'est ni national, ni social, ni systématisé, ni suffisant [1]. Il ne deviendra national, social et suffisant, que lorsqu'on l'aura systématisé. C'est là un des points dont dépend l'avenir de la race française au Canada. Il faut, si elle veut survivre et accomplir ses destinées, qu'elle soit « plus instruite que les autres races », plus entraînée quant aux études supérieures et secondaires, parce que son rôle en Amérique doit être celui de la race française en Europe. Il lui faut être mieux organisée de toutes manières pour pouvoir maintenir, au moyen de sa vie sociale et économique, le niveau intellectuel qui lui permettra d'être et de rester le peuple lumière.

Que nous le voulions ou que nous ne le voulions pas, que nous nous en occupions ou que nous ne nous en occupions pas, nous qui avons l'avantage de l'instruction, qui devrions aider à l'évolution, mais qui le faisons si peu, cette évolution s'accomplira. Elle nous laissera en arrière, et alors nos institutions présentes péricliteront. Ou bien le peuple, à un certain moment, aura l'intuition de son danger, et la paisible évolution se changera en une révolution violente, balayant tout devant elle. Ceux qui suivent les évé-

---

1 On nous a demandé si les phrases ci-dessus ne visaient pas les frères de la doctrine Chrétienne. Nous serions fâché qu'on put leur prêter un tel sens. Ils ont leur place marquée dans toute oeuvre de réorganisation scolaire.

Errol Bouchette

nements savent que nous n'évoquons pas ici des chimères et des épouvantails. Tous nous devrions songer à nos graves responsabilités et aux malheurs qui suivraient notre négligence à les assumer.

Si d'autre part nous accomplissons tout notre devoir, si de la base au sommet nous organisons l'éducation et l'instruction du peuple sur des données systématiques, saines, vraiment sociales et nationales et répondant aux besoins et au génie de la race, alors nos institutions conserveront cette solidité et cette permanence qui garantissent l'avenir, elles vivront non seulement extérieurement et suivant la lettre de la loi, qui meurt dès que l'opinion a cessé de la respecter, mais dans le cœur même du peuple qui s'en montrera reconnaissant. Car, pour nous servir d'une pensée de Maurice Mœterlinck, il est impossible que ceux qui ont accompli jusqu'au bout la mission qui est par excellence la mission humaine, ne se trouvent pas au premier rang pour en recueillir les fruits.

Chapitre 8 : L'avenir industriel du Canada oriental

Causes de la faiblesse économique des Canadiens français - Ils pourraient s'emparer de leur industrie nationale - Toutes les circonstances naturelles leur sont favorables - Ils ne manquent ni d'aptitudes ni de capital, mais seulement d'instruction et d'habitude, des affaires. - Les nouveaux venus tendent à se superposer à eux et à les reléguer au second plan.

Si l'on considère de près, comme nous avons essayé de le faire, la population du Canada au point de vue de ses besoins sociaux et économiques les plus apparents, il faut reconnaître qu'il existe chez elle du malaise et de l'inquiétude. Elle manque certainement de champs d'activité, son effort national reste comprimé au sein de l'abondance d'un des pays les plus vastes et les plus riches de la terre. Quant au Canada français, il est de toute évidence qu'il se congestionne et s'étiole derrière une muraille de Chine que seule la grande industrie, dirigée dans des voies naturelles, pourra renverser. Il faut qu'il se délivre ; le peuple le sent et fera sans doute l'effort voulu. La question économique deviendra par conséquent plus que jamais une question nationale, elle restera, pour ainsi dire, la seule question jusqu'à ce qu'elle soit résolue.

Nous arrivons donc ici à la seconde partie de notre travail. Ce besoin économique étant constaté, est-il possible d'y satisfaire ? Pour beaucoup de Canadiens, la réponse semblera facilement affirmative. D'autres formuleront des objections que nous devons prévoir et discuter. Et ces objections surgiront probablement plus nombreuses parmi le groupe français par suite de faits en apparence contradictoires, qu'il est utile de rappeler et de concilier ici, pour l'intelligence de ce qui va suivre, même au risque de paraître nous répéter.

La population française du Canada est probablement encore la plus saine et la plus vigoureuse de l'Amérique, au point de vue physique. Par l'intelligence, elle n'est certes pas inférieure à la population de la France, ni aux autres races qui habitent le Canada.

Si cette proposition avait besoin d'être appuyée, l'on pourrait citer les merveilleuses victoires constitutionnelles des Canadiens français, et le grand nombre d'hommes illustres qui sont sortis de leurs rangs. Parmi ceux-ci, les hommes d'État tiennent incontestablement la première place. Mais, sans parler de beaucoup d'éminents ecclésiastiques, les savants, les écrivains, les artistes et les soldats ne nous manquent point, bien que ces carrières soient chez nous bien ingrates. Si nous suivons les nôtres à l'étranger, nous les trouverons en grand nombre occupant, dans la vie civile, des situations importantes, et dans la vie militaire, parfois, ces postes de suprême confiance dont dépendent l'honneur du drapeau, l'existence des armées, la politique fondamentale d'un empire. Les noms s'offrent ici en foule sous la plume de l'écrivain comme à l'esprit du lecteur. N'en mentionnons cependant aucun. Contentons-nous de rappeler ces faits qui, au sens de certaines personnes, semblent une garantie suffisante pour l'avenir.

Présentons-leur de nouveau le revers de la médaille.

Il nous montre, ne l'oublions pas, le groupe français du Canada, malgré ses qualités physiques et intellectuelles, tombé, économiquement, au dernier rang des groupes canadiens. En cherchant la cause de cette contradiction apparente, nous nous sommes trouvés en présence d'une agriculture ruinée par des méthodes de culture routinières ; la ruine agricole entraînant l'appauvrissement général, la perte effective de plus de la moitié de la puissance numérique du groupe et une déperdition infiniment plus considérable encore en influence sociale et en puissance économique et financière. Il était impossible, dans de telles circonstances, que les hautes études ne fussent pas en baisse et que l'enseignement primaire, dont l'établissement était relativement tout récent dans la province de Québec, ne suivit pas de très près la décadence générale. Les choses en arrivèrent à ce point que le groupe français dut songer à se relever, à moins de se résigner à abdiquer. Il voulut se relever ; heureusement, il n'était pas encore trop tard. L'industrie laitière se présenta à l'agriculteur canadien français comme premier appoint à conquérir. Il le conquit, et aussitôt l'instruction primaire ressentit quelque peu le contre-coup bienfaisant de ce commencement de renaissance sociale.

Ici encore un certain nombre de personnes nous diront que puisque nous avons commencé à guérir les blessures de notre classe agricole, nous sommes dans la bonne voie et que n'avons qu'à continuer. Nous inspirant de la profonde sagesse du vieil apologue romain, nous pourrions leur répondre : à quoi servent de bons muscles lorsque le cœur et les poumons sont malades ? Or, si dans l'espèce l'agriculteur représente les muscles de l'être collectif, l'industrie peut représenter les poumons qui nous procureront une vie saine, vigoureuse et intense lorsque, sortant de la plaine, nous respirerons enfin l'air pur, libre et vivifiant des sommets.

Nous avons prouvé que si notre corps social a perdu plus de la moitié de son effectif ce n'était pas uniquement ni principalement par suite de la décadence agricole. Cette perte, que disons-nous, la décadence agricole elle-même, est causée par l'absence du développement industriel, par le défaut de largeur dans les conceptions économiques. Cela dépend naturellement des vices de la formation sociale ; mais la masse des Canadiens français ne s'en préoccupe nullement. Ceux-ci, par habitude, tirent une certaine vague satisfaction de la statistique qui démontre leur augmentation numérique rapide et cela leur suffit.

Au chapitre sur « la population française », nous avons laissé entendre qu'il y aurait à ce sujet de certaines réserves à faire. C'est ici le lieu de nous expliquer plus clairement.

Chapitre 8 : L'avenir industriel du Canada oriental

Nous croyons pouvoir affirmer que, sans le développement industriel, l'augmentation numérique des Canadiens français deviendra de moins en moins sensible. Écoutons M. Tarde, l'un des plus grands penseurs du monde moderne : « La tendance de la population à croître est encouragée ou endiguée, stimulée ou paralysée, par l'état économique ou social, dû à un groupe d'inventions coordonnées ... C'est le groupe des inventions industrielles, ou politiques mêmes, connues à un moment donné, qui, à ce moment, nous le savons, détermine le maximum possible de production « et de population ».

Le baron Charles Mourre, appliquant ces principes à la France, en conclut que la faible natalité et la diminution relative de la population ont pour cause le défaut de puissance économique. Sir Horace Plunkett et tout une école dont il est le porte-parole, attribuent aux mêmes causes la dépopulation de l'Irlande. La triste situation de ce fertile pays et de l'intelligente population qui l'habite est bien de nature à nous faire réfléchir, car ceux qui attribuent la dépopulation de la France a l'irréligion ne peuvent raisonner de même pour l'Irlande dont la population est essentiellement religieuse et catholique. L'argument de la persécution ne suffit pas non plus, car depuis cinquante ans au moins l'Irlande n'est plus persécutée et c'est précisément depuis ce temps que la population fond à vue d'œil. Ce sont surtout des causes économiques, provoquées par une vicieuse formation sociale, qui dépeuplent l'Irlande. Ce sont des causes économiques et sociales qui dépeuplent la France. Ce sont des causes économiques et sociales qui dépeuplent et qui dépeupleront la province de Québec.

Et remarquons-le ce dépeuplement, chez nous, se produit non seulement par l'émigration, mais aussi par une diminution véritable bien qu'encore peu accentuée dans la natalité, laquelle n'est pas très sensiblement supérieure à celle des pays normaux de l'Europe. Elle est plus considérable seulement que celle de la population stationnaire des autres provinces du Canada, stationnaire, nous le répétons, par suite de causes économiques et sociales [1] ;

1 Le recensement indique que 143,000 personnes habitant d'autres provinces de la confédération sont nées dans Ontario et que 85,000 habitants d'autres provinces sont nées dans Québec. Si l'on ajoute à chacun de ces chiffres celui de l'augmentation de la population dans chaque province, 67,000 et 160,000 respectivement, il faudra en rabattre quelque peu sur la croissance rapide des Canadiens français.

Errol Bouchette

plus considérable aussi que celle des familles fondatrices de la Nouvelle-Angleterre qui rapidement s'éteignent. Mais la Nouvelle-Angleterre étant devenu un foyer d'appel aux travailleurs, la population s'y recrute de l'extérieur et en partie à nos dépens. Elle augmente donc, tandis que l'Ontario n'augmente guère et que la province de Québec n'augmente pas autant que par le passé.

L'ancienne population de la Nouvelle-Angleterre, tout en accueillant l'immigration étrangère, se superpose à elle et conserve toute sa supériorité financière et sociale. Elle est et restera longtemps encore la grande force économique, partant la grande force intellectuelle. Elle forme une aristocratie, une élite.

En sera-t-il ainsi pour les Canadiens français lorsque les atteindra l'immigration étrangère ? Non. Cette immigration se superposera à eux ; elle sera plus instruite, plus audacieuse, plus forte, et bientôt plus riche. Pour la seconde fois nos compatriotes auront été conquis et cette fois peut-être la chaîne sera rivée à tout jamais.

Il est donc évident pour nous que si le Canada français veut vivre, il doit se développer par l'industrie comme par l'agriculture. Pour que son cœur batte avec force, il lui faut remplir d'air ses poumons. Et ce cœur, au Canada français du moins, n'est-ce pas le corps législatif et gouvernant, la seule législature française de toute l'Amérique, dont les pulsations doivent alimenter les artères d'un sang abondant, pur et généreux ? N'est-il pas évident que ce cœur bat trop faiblement ? Ne devons-nous pas craindre de le voir un jour s'arrêter, si la maladie se prolonge ? Il faut clone au corps social malade l'aliment vivifiant qui lui rendra la force, la santé et l'énergie.

Lorsqu'on parle de l'établissement de la grande industrie parmi la population de langue française du Canada, nos émules des autres groupes, et même un bon nombre des nôtres, malheureusement, se montrent sceptiques. On concède assez volontiers à nos compatriotes d'origine française de grandes qualités intellectuelles ; on ne conteste pas leur génie artistique, ni même leur goût pour les arts industriels. Mais on nie qu'ils possèdent le sens pratique et la persévérance qui s'acharnent et qui produisent à la longue la puissance et la supériorité économique. Ceux-ci doivent donc prouver que ce jugement est injuste en s'emparant de l'industrie nationale, et ils le feront puisque leur survivance est à ce prix. C'est là que doit tendre leur effort, c'est vers ce point que doivent les diriger ceux qui exercent sur eux quelque influence.

Dans un ouvrage antérieur [1], nous avons essayé de démontrer qu'un des moyens d'atteindre ce but serait la généralisation de l'instruction industrielle. Il serait facile, en effet, en nous servant de notre organisation scolaire actuelle, de préparer la jeunesse aux carrières pratiques. Nous reviendrons là-dessus. Mais n'oublions pas que par suite d'habitudes nationales qui ont créé certains commencements d'atavisme, par suite surtout de la situation particulière où nous nous trouvons et qui rend la réussite un peu plus difficile pour nous que pour les autres groupes, l'instruction industrielle généralisée pourrait devenir pour les nôtres un don de douteuse valeur. Quel malheur si l'on se trouvait plus tard dans l'impossibilité de leur ouvrir les carrières où leurs goûts auraient été dirigés par cette instruction.

Il est vrai, sans doute, comme le dit M. Carroll D. Wright, commissaire du travail des États-Unis, « que l'industrie marche toujours de pair avec la diffusion de l'instruction ; un peuple donne d'abord satisfaction aux besoins les plus essentiels, afin de se procurer quelque bien-être ; mais l'instruction générale et l'évolution de l'industrie doivent marcher la main dans la main ». C'est là un principe prouvé qu'il faut tenir bien en vue. Mais il est également vrai que les principes sociaux ne sont utiles que lorsqu'on sait les adapter aux conditions diverses des peuples et que ces conditions sont dissemblables dans les deux pays dont il s'agit. Il est vrai surtout que l'instruction la plus parfaite ne réussira pas à implanter l'industrie, la grande industrie plus particulièrement, dans un pays qui ne s'y prête pas.

Examinons donc la situation du Canada et spécialement celle de la région orientale sous ce rapport.

Disons encore que s'il fallait s'en tenir, pour les fins de la démonstration, à la comparaison de l'état industriel actuel des États-Unis avec celui du Canada, la conclusion ne serait pas encourageante. Mais rien ne serait plus injuste et plus décevant qu'une telle manière de procéder. C'est pourtant celle qu'adoptent une foule de

---

1 « L'Évolution économique dans la Province de Québec ».

Errol Bouchette

personnes. Dès 1776, les États-Unis avaient obtenu la chose la plus essentielle à un peuple, la liberté sociale et constitutionnelle. Ils purent dès cette époque travailler à leur avancement matériel ; ils ont donc sur nous dans leur évolution une avance de plus d'un demi-siècle ; et nous ne sommes ici guère plus formés économiquement que les États-Unis ne l'étaient avant la guerre de sécession.

D'autres causes ont contribué à accélérer le développement industriel des États-Unis et à retarder celui du Canada. La découverte de la houille et du fer sur leur territoire a donné aux manufacturiers américains un avantage immense. La croissance énorme de population, dont nous avons expliqué la cause, leur a fourni, dès le début, un marché indigène et a permis au système de la protection douanière de produire son plein effet ; effet heureux tout d'abord, mais dont on éprouve aujourd'hui les inconvénients. Une preuve de la justesse de toutes ces considérations, c'est qu'au Canada, malgré la commandite anglaise, la grande industrie n'est pas beaucoup plus avancée parmi le groupe anglo-saxon que parmi le groupe français. Les mêmes causes économiques ont produit chez les deux groupes les mêmes effets ; la race et la langue n'y sont pour presque rien. Laissons donc de côté les comparaisons extérieures, presque toujours trompeuses, et abordons franchement cette question : Le Canada, plus particulièrement dans sa région orientale et française, peut-il aspirer à la grande industrie ? peut-il espérer devenir un grand exportateur de produits manufacturés ?

Nous n'apprendrons rien au lecteur en lui disant que le développement industriel d'un pays tient surtout de la nature, du travail et du capital. Cependant, comme il est quelquefois utile de se ressouvenir des principes, essayons de résumer brièvement ce que nous disent les économistes sur ces trois points, en nous laissant guider par le Traité d'Économie politique de M. Paul Leroy-Beaulieu, certainement un des plus clairs et des plus complets qui existent.

La nature, dans ses rapports avec la production, peut se diviser en trois sous-facteurs : 1. Le climat et la constitution géographique ; 2. La constitution géologique, le sol et le sous-sol ; 3. Les forces des divers agents naturels, par exemple, la force motrice des vents et des cours d'eau, la force expansive des gaz, l'électricité, et toutes les applications, sans cesse renouvelées et étendues, qui résultent des progrès, de la physique, de la chimie, de la mécanique, et des autres sciences ayant la nature pour objet.

La civilisation, au point de vue matériel, consiste dans une connaissance et une utilisation croissante des forces naturelles, et la plupart des savants sont d'opinion que notre civilisation n'en est sous ce rapport qu'à ses débuts. S'il en est ainsi dans les pays de grande industrie, que dira-t-on des pays où la grande industrie existe à peine ?

Étudions maintenant la région orientale du Canada aux points de vue climatérique, géographique et géologique.

Le climat du Canada oriental est aujourd'hui trop bien connu pour qu'il soit nécessaire d'en parler longuement. Nous savons maintenant que, contrairement à ce que pensaient nos ancêtres, la zone cultivable s'étend au nord jusqu'à la latitude de la baie James, et que ces régions septentrionales aussi bien que la vallée du Saint-Laurent, en dépit des hivers rigoureux, comme les provinces maritimes malgré les vents et les brumes de l'Atlantique, sont des pays aussi sains et aussi fertiles que l'Ontario. On y cultive toutes les céréales, tous les légumes, de très beaux fruits ; les troupeaux s'y multiplient sans être sujets à une foule de maladies qui les déciment dans les pays d'un ciel plus clément.

Un climat favorable à l'agriculture doit l'être également aux entreprises industrielles. Bien plus, si l'on suppose de bonnes conditions de logement et de nourriture, le travail humain est nécessairement plus facile et plus intense dans les pays froids que dans les pays chauds, et la vigueur physique et morale des individus y est plus considérable. Le climat du Canada oriental n'est donc pas défavorable à la grande industrie. C'est du reste un point qui n'est pas contesté.

Passons maintenant à la situation et à la configuration géographique de la région. Nous constatons tout d'abord que c'est le point du continent américain le plus rapproché des grands marchés de l'Europe, et qu'il possède de nombreux et d'excellents ports ouverts en toute saison au commerce du monde ; ces ports sont reliés entre eux et avec les centres de l'intérieur par de nombreuses voies ferrées. Pendant sept mois de l'année, les plus grands vaisseaux océaniques remontent l'estuaire du Saint-Laurent et pénètrent jusqu'à Montréal, à environ six cents milles à l'intérieur des terres. Le mo-

Errol Bouchette

ment n'est pas éloigné où un système de grands canaux lui permettra d'atteindre les extrémités des mers intérieures, où l'on verra les chargements de blé passer sans transbordement de la tête du lac Supérieur jusqu'en Europe. Nous pouvons aussi dès maintenant prévoir l'époque où les ports du Saint-Laurent deviendront accessibles en hiver, comme le sont aujourd'hui plusieurs ports russes, au climat plus rigoureux.

Remarquez combien la régi-on orientale du Canada contrôle le mouvement commercial du pays tout entier : réfléchissez a l'importance de ce contrôle, destiné, par la force des choses, à s'accentuer et même à s'étendre graduellement sur toute la partie septentrionale du continent. Pénétrez-vous bien de cette vérité que plus un pays offre d'avantages, plus le peuple qui l'habite doit être fort et industrieux pour s'y maintenir, et vous aurez quelque idée de l'importance qu'il y a pour le groupe français du Canada d'être, économiquement et socialement, non pas seulement l'égal de ses voisins, mais supérieur à eux. Il ne peut espérer en arriver là qu'au prix des efforts les plus grands et les plus persévérants. Mais ici l'importance de l'enjeu impose la persistance de l'effort.

Voilà ce qu'est la situation géographique du Canada oriental.

Examinons maintenant ce pays aux points de vue topographique et géologique ; explorons le sol et le sous-sol. Peu de pays au monde, nous le savons, sont plus riches en minéraux d'une valeur commerciale. Si nous voulions entrer dans des détails, nous n'aurions qu'à transcrire certaines pages des archives de la commission géologique du Canada, des comptes rendus officiels des ingénieurs des mines des provinces, sans parler des ouvrages spéciaux. Les renseignements ne manquent pas. On les trouve dans une foule de livres, dont un bon nombre sont ouverts devant nous ; tous peuvent y avoir accès. Mais nous voulons rester à dessein dans les généralités ; elles sont plus utiles à notre démonstration puisqu'elles permettent un coup d'œil d'ensemble. Nous devons donc renvoyer le lecteur désireux d'approfondir ce sujet aux ouvrages statistiques et techniques.

La houille et le fer de la Nouvelle-Écosse, du Nouveau-Brunswick et du Cap-Breton sont déjà en exploitation. Ces industries soutiennent assez bien la comparaison, proportion gardée, avec les industries du même genre plus anciennes, plus riches et plus considérables qui existent dans plusieurs pays. Les autres richesses minières de la région sont peu exploitées ; elles le seront bientôt davantage. Mais tout cela, bien que très important, n'est que l'affirmation d'une concurrence possible dans l'avenir, avec les industries du même genre établies ailleurs.

Ce qu'il importe surtout de constater c'est qu'une ère nouvelle luira bientôt sur les bords du Saint-Laurent. C'est là que l'industrialisme électrique, si nous pouvons nous exprimer ainsi, s'implantera et s'épanouira, car nul pays au monde n'offre sous ce rapport d'aussi grands avantages.

Qu'on songe que ce fleuve immense, bientôt navigable pour les navires océaniques jusqu'à sa source même, est bordé au nord et au sud par de longues chaînes de montagnes partout facilement accessibles et pourtant suffisamment élevées pour donner naissance à de grandes rivières et à d'innombrables cours d'eau nourris par les neiges, régularisés par les vastes forêts à travers lesquelles ils coulent. Ces fleuves, ces rivières se répandent sur les deux versants des monts en cataractes, chutes et cascades, d'une force en chevaux-vapeur pratiquement illimitée. Autour de ces génératrices inépuisables de puissance électrique on trouve la matière première d'industries très multiples. La forêt en fournit la plus grande partie, mais la métallurgie électrique, dont l'inventeur est un homme de race française, trouvera dans les sables mêmes des rivages laurentiens, le minerai de fer qui permettra de ressusciter sur les bords du Saint-Laurent et sous une forme nouvelle, l'industrie autrefois si prospère de la construction des navires.

Que le lecteur en soit bien convaincu, la description que nous faisons ici des avantages industriels de cette région n'est pas chargée. Bien au contraire, nous restons en deçà de la vérité. Nous pouvons répéter, sans crainte d'être contredit par les hommes de science et les spécialistes, que peu de régions au monde offrent d'aussi grands avantages industriels.

Nous voilà donc en présence de l'atelier largement ouvert. Et quel atelier !

Jetons maintenant un regard sur les travailleurs, sur ceux du moins qui seraient les travailleurs si nous ne persistions pas à leur lier les bras et à leur infliger le supplice de l'inactivité et de la faim, au sein du mouvement et de l'abondance.

Dans la production, ainsi que nous l'avons vu, le travail humain est le second facteur. C'est lui qui manie et qui guide, c'est son effort qui arrache à la nature ses richesses.

Nous l'avons constaté précédemment ces travailleurs sont en grand nombre dans le Canada français. Ils comprennent plus de la moitié de la force numérique du groupe et la plupart, faute de travail dans leur pays, sont contraints de s'exiler. A côté d'eux se trouvent leurs compatriotes d'autres origines, moins nombreux dans cette section du pays, mais qui accourront en foule dès qu'ils verront de loin se dresser les usines. Il ne manque donc pas de travailleurs. Mais de quelle qualité sont-ils ?

Dans la nouvelle ère industrielle, l'ouvrier ne sera plus le manœuvre grossier et malheureux qu'on a tant plaint dans l'ancienne. De même que, dans les armées modernes, le soldat n'est plus un automate aveugle se mouvant sans savoir pourquoi, mais une entité intelligente dans un concours immense de volontés mues par un même ressort, de même aussi l'ouvrier de demain ne sera plus un simple rouage. Il devra, lui aussi, être une intelligence. À cette question de la qualité des travailleurs, la réponse est donc encore toute prête.

Nous avons vu, dans une étude précédente, combien les Canadiens français ont d'aptitude et de goût pour les arts industriels. On ne saurait douter qu'ils deviennent, convenablement instruits et préparés, d'excellents ouvriers industriels. Bien plus, beaucoup d'entre eux se révéleront artistes dans ce milieu favorable. Nous avons prouvé en effet combien ces ouvriers, de race et de mentalité françaises, ont une tendance à faire « en beauté » les moindres choses. Or, les produits les plus beaux sont toujours les plus recherchés ; ils se vendent mieux que les autres, bien que le prix de revient n'en soit guère plus élevé, dans bien des cas.

Ce sentiment artistique, qui anime notre population, n'est pas destiné à s'émousser dans l'atmosphère déprimante des grandes villes. Par leur nature même, les industries forestières devront s'exercer au sein des montagnes et des forêts. L'ouvrier sera incessamment en contact avec la grande nature. C'est là que prit toujours nais-

sance l'art vrai, cet art qui est une prière inspirée par la contemplation des oeuvres de Dieu. L'art pur, cette aspiration sublime qui
rapproche l'homme du ciel, sera toujours infiniment au-dessus des
combinaisons commerciales et industrielles des hommes. L'art industriel en sera toujours séparé par un abîme, c'est tout au plus
s'il peut espérer en saisir quelque pâle reflet. Mais pour les masses
ce reflet est si précieux que dans tous les pays, nous dit Ruskin,
la grande fabrication s'occupe spécialement, vigoureusement et de
plus en plus du côté artistique, afin d'orner la chaumière aussi bien
que le palais.

On comprend qu'une telle population ne peut manquer de fournir un grand nombre d'ouvriers habiles, des contremaîtres compétents, et, en nombre suffisant, des directeurs d'usines, des ingénieurs et des savants. Bien plus, cette population ouvrière française,
au contact de ses camarades d'autres origines, acquerra graduellement des qualités nouvelles sans perdre celles qui lui sont particulières. Ce sera entre ces groupes ouvriers un échange de génie
national, résultat de l'émulation amicale qui régnera chez eux. Et
alors ne pouvons-nous pas espérer un jour voir surgir ici, comme
autrefois en Flandre, toute une pléiade d'artistes, qui à notre richesse industrielle, ajouteront la gloire de leur immortel génie ?

Caressons ces beaux rêves, ne craignons pas de laisser germer en
nous ces ambitions et ces désirs, mais ne nous contentons pas de
rêver, agissons énergiquement, car c'est le seul moyen d'en faire des
réalités. En attendant, ici encore, une conclusion s'impose, c'est
que si la grande industrie ne s'implante pas au Canada, ce ne sera
pas faute d'ouvriers nombreux et intelligents [1].

---

1 Des spécialistes belges nous ont fait remarquer, au sujet de la main-d'œuvre au
Canada, que les salaires élevés qui se paient dans notre pays sont un sérieux obstacle à l'établissement de la grande industrie, surtout de celle de la métallurgie. On
a prétendu même que c'est le prix de la main-d'œuvre qui oblige le gouvernement
des États-Unis à maintenir un tarif si élevé. Tout en reconnaissant l'importance et
peut-être le bien fondé de cette observation, nous croyons que la difficulté qu'on
signale n'est que temporaire. Sans aborder ici la question ouvrière, ce qui nous
entraînerait trop loin, nous dirons seulement qu'il est possible que la métallurgie
électrique, en diminuant les dépenses de production dans les pays où l'énergie
électrique peut être employée, fasse bientôt tomber cet obstacle. C'est la question
de l'influence de la science sur les prix. Pour ce qui est des industries forestières,
l'objection fondée sur le chiffre des salaires ne nous paraît pas sérieuse, d'abord
parce que ces industries auraient pour leurs produits un véritable monopole sur les

Qu'en est-il du troisième agent de la production industrielle, le Capital ? Est-il vrai que le Canada, et particulièrement le Canada français manque de cet agent essentiel ? Il est évident tout d'abord que le groupe français ne manque pas entièrement de capital. Il possède un capital agricole important et un certain capital industriel. L'épargne même ne lui fait pas complètement défaut. Si les rapports des banques ne nous en fournissaient pas la preuve, nous la trouverions dans cette multitude d'entreprises d'une nature fort peu recommandable que les tribunaux ont récemment dénoncées, à Montréal, et où sont allées s'engouffrer des économies considérables : nouvelle preuve des conséquences déplorables des mauvaises formations économiques et de l'ignorance populaire. Le capital national, fruit de l'épargne, existe donc. Il s'accumulera rapidement si on lui fournit l'outillage nécessaire.

Les syndicats coopératifs de crédit sont un des grands moyens de recueillir l'épargne. La caisse populaire de Lévis, dont M. Alphonse Desjardins est le fondateur, fut ouverte il y a cinq ans avec un capital de moins de $1000. Aujourd'hui son capital est de $40,000 et son mouvement d'affaires de $140,000. Mais ce n'est pas précisément de l'épargne lente, bien que celle-ci soit incontestablement la meilleure et la plus sûre lorsqu'on peut s'en contenter, qu'il est question ici. Voici comment la question se pose : Le Canada français possède-t-il un capital qui lui permette de se livrer systématiquement et sans retard à la grande industrie ? À la lumière de la science économique moderne et avec la connaissance que nous avons de la richesse et des avantages naturels du pays, il est difficile de croire qu'on puisse répondre autrement que par une affirmation énergique. Pourtant on dit habituellement tout le contraire. La grande majorité des intéressés sera bien étonnée que nous répondions oui. A-t-on assez répété que le Canada français manque de capital ! Cette plainte est devenue un cliché commode pour excuser toutes les défaillances sociales, toutes les infériorités économiques. Eh bien, cette plainte est fausse et nous allons essayer de le prouver.

---

marchés du monde, ce lui permettrait jusqu'à un certain point à nos industries de fixer es prix, et ensuite à cause de l'organisation spéciale qu'il nous semble possible de leur donner. Dans tous les pays, la tendance des salaires est à la hausse et l'on peut prévoir l'époque où ils ne seront guère plus bas en Europe qu'en Amérique. Du reste, la hausse actuelle en Amérique est quelque peu factice.

Chapitre 8 : L'avenir industriel du Canada oriental

Qu'est-ce qu'un capital ?

Écartons les expressions trop spéciales et les raisonnements trop compliqués qui ne sont pas toujours les plus profonds. Les capitaux, dit M. Paul Leroy-Beaulieu, sont des produits intermédiaires qui servent à acquérir plus facilement des produits définitifs. Cette définition, prise seule, ne nous dit pas grand chose. Elle a besoin d'explication, ce qui prouve qu'elle n'est ni complète, ni définitive. Décomposons le terme : capital. On distingue plusieurs genres de capitaux. Il y a d'abord le capital au point de vue privé et le capital au point de vue national. Une hypothèque est un capital pour son détenteur ; ce n'en est pas un pour une nation, car la richesse générale n'en est pas augmentée. Le capital d'une nation est l'ensemble des richesses qu'elle possède et qui peuvent servir à fournir des produits définitifs ; c'est la somme de ses richesses exploitables [1].

1 Le concept de la vraie nature du capital national d'un peuple est depuis long-temps assez clairement tracé dans l'esprit de l'auteur. Mais les économistes qu'il consultait ne lui fournissaient point une définition claire et complète, à l'appui de son opinion. Ce qui précède était écrit et il désespérait de trouver ce qu'il cherchait, lorsque le hasard est venu placer entre ses mains le livre de Carl Rodbertus-Jagetzow, Le Capital. Cet ouvrage a été traduit en français en 1904. Rodbertus est certainement un des économistes les plus étonnants du siècle. Grand seigneur philosophe, il n'a rien fait pour répandre ses écrits, et cependant ils se répandent de plus en plus en Europe et font aujourd'hui autorité. Or, cet auteur confirme notre manière de voir. « Il n'est pas vrai, dit-il, que le capital consiste dans une « provision », dans une certaine « quantité » d'objets ... Les économistes ont répété les uns après les autres depuis Adam Smith et ont affirmé comme une vérité universelle et absolue que « le capital ne se forme que par l'épargne et par l'accumulation ». Dans l'état d'isolement économique (et dans tous les états économiques, ainsi que l'auteur l'explique dans le cours de son ouvrage) cela est certainement inexact. Il faut comprendre sous le nom de capital social l'ensemble des matières et des instruments.

Nous pouvons donc affirmer en nous appuyant sur l'autorité de Rodbertus aussi bien que sur nos propres raisonnements, que le capital réel d'un peuple n'est pas le produit de l'épargne seule. Il comprend aussi l'ensemble des richesses naturelles que ce peuple possède et qu'il peut exploiter par le travail. Mais entre ces richesses naturelles et le travail qui doit les rendre productives, il faut qu'il intervienne un « travail préparatoire ou médiat », ainsi appelé parce qu'il n'a pas pour objet immédiat la production qu'il importe à l'homme d'obtenir, mais de préparer les voies à cette production. Le producteur semble prendre un moyen détourné mais qui mène plus vite au but. Or c'est précisément l'absence de l'expérience industrielle et du travail médiat, qui entrave le développement économique du Canada français. C'est donc de cela qu'il faut nous occuper. C'est ce que nous nous proposons de faire.

Errol Bouchette

Il semble que nous commençons déjà à y voir un peu plus clair, mais n'anticipons pas. Les formes de ce capital national ainsi défini sont variées. Négligeons la plupart des distinctions que font les économistes pour n'en citer que trois :

1.   Les approvisionnements et les matières premières ;
2.   Les outils ou instruments et les installations ;
3.   Les capitaux fixes et les capitaux circulants.

Les approvisionnements, au sens économique, sont les ressources qui font vivre le producteur pendant la durée de la fabrication ; les matières premières sont les choses qu'il transforme par son travail et par le travail de ses ouvriers.

Les outils, les instruments et les machines sont des expressions que tout le monde comprend. La question des installations est un peu plus compliquée. On entend par là non seulement l'usine et ce qu'elle contient, mais aussi tout ce qui peut servir de force motrice nécessaire à la fabrication. Celui qui possède une houillère ou une tourbière en rapport possède une installation, au sens de l'économiste. Celui qui possède une chute d'eau génératrice d'électricité possède une installation.

Le capital fixe est celui qui ne s'use pas par l'emploi qu'on en fait, par exemple, un marteau-pilon ; le capital circulant est celui qu'il faut constamment remplacer, par exemple, les couleurs dont un industriel se servirait pour imprimer du papier-tapisserie.

Donc, si un industriel possède une installation et des instruments, la matière première et des approvisionnements, il est muni d'un capital industriel et il peut fabriquer. Il en est de même, naturellement, s'il possède une somme d'argent suffisante pour acquérir toutes ces choses. À la condition toutefois qu'il soit secondé par des ouvriers suffisamment intelligents et habiles, et qu'il soit lui-même un véritable entrepreneur d'industrie, savant et expérimenté, car le talent est un capital, la science aussi.

Que possède la région orientale du Canada en installations, c'est-à-dire en générateurs du pouvoir nécessaire aux exploitations industrielles ? Dans la province de Québec, les forces hydrauliques les plus belles et les plus accessibles du monde ; dans les provinces maritimes, de la houille en quantité suffisante ; partout des tourbières inépuisables. Que trouvons-nous sur nos sols en fait de matière première ? La forêt et la mine, le bois d'œuvre et le fer en quantités presque infinies, sans parler du reste. Nous évitons à dessein dans ce travail les longues énumérations. La population possède-t-elle le talent et la science industrielle ? Elle possède le talent, ainsi que nous l'avons constaté précédemment ; nulle population au monde n'indique plus d'aptitude pour l'industrie. Elle est ignorante, mais très facile à instruire. Cette population surtout dans le groupe français, fournit-elle des entrepreneurs industriels, toujours au sens économique ? Oui, en assez grand nombre. Malgré l'absence de la grande industrie dans le Canada français on y rencontre cependant des industries isolées et même des groupes d'industriels importants qui ont remporté de brillants succès. Citons les fabricants de chaussures de Québec, presque sans exception des Canadiens français.

Donc, le groupe français du Canada habite un pays exceptionnellement favorable à l'établissement de la grande industrie. Il a pour lui le climat et la situation géographique, l'abondance du pouvoir générateur et de la matière première, le nombre et le talent chez les travailleurs. Que lui manque-t-il donc ?

L'instruction industrielle qu'il est facile de lui donner, et les ressources immédiatement disponibles que produit le travail médiat pour mettre en valeur son immense capital industriel. Est-on bien sûr encore que ces ressources lui manquent ? Quant à nous, nous ne le croyons pas et nous prétendons établir au cours de ce travail que ce qui lui fait défaut ce ne sont pas des ressources immédiatement disponibles. Ce serait même, croyons-nous, presque une absurdité que de le prétendre. Il peut trouver ces ressources à l'extérieur ; il peut même, ce qui vaut mieux, les trouver chez lui, ainsi que nous le démontrerons. Mais il lui manque autre chose, une organisation, une politique industrielle. C'est là le point capital que nous allons essayer de développer.

Chapitre 9 : Nécessité d'une politique industrielle

Le moment est venu de nous emparer de notre industrie nationale - Nous devons le faire en nous attachant surtout aux industries forestières - Possibilité de leur donner un grand développement et même

une importance mondiale -Instruction industrielle populaire et pro-
tection des forêts.

Nous avons essayé de démontrer que le peuple du Canada oriental, possesseur d'un vaste domaine industriel, ne peut normale-
ment manquer de capitaux pour l'exploiter. Et si nous parlons ici
du peuple en tant qu'être collectif, c'est à dessein, car la presque
totalité de ce domaine, surtout dans la province de Québec, appartient encore au public, qui l'administre par l'intermédiaire de son
gouvernement. Il est impossible d'imaginer une situation plus favorable à l'organisation d'un grand mouvement industriel, suivant
une méthode scientifique et éclairée. Les économistes, et particulièrement M. Paul Leroy-Beaulieu, nous disent que le peuple qui
profiterait de ces circonstances, qui ne se présentent jamais qu'une
fois en sa vie, « pourrait éviter aux générations à venir toutes les
difficultés financières et toutes les difficultés économiques contre
lesquelles luttent les peuples contemporains ». [1]

Le moment de tenter ce grand effort, qui nous donnera la possession et la jouissance de notre industrie nationale, est maintenant
arrivé pour nous. Si nous le laissons passer il ne reviendra plus.
Il est donc urgent pour tous les groupes de population du Canada oriental d'agir sans retard. Pour le groupe français, la question
est vitale. Pour lui, une action prompte et efficace est, sans aucune
exagération, une question de vie ou de mort.

Or, nous l'avons vu, dans les conditions actuelles cette population se gâte chaque jour davantage dans une inaction forcée ; non
seulement cette partie qui devrait être industrielle, mais aussi la
population rurale. La contagion se répand. Comment pourrait-il
en être autrement ? Avons-nous jamais réfléchi à l'infériorité vraiment effrayante où se trouve placé le groupe français par suite de
l'absence du développement industriel ? Cela dépasse de beaucoup
les conséquences de l'infériorité agricole que nous avons constatée
précédemment.

M. Edmond Théry, directeur de L'Économiste Européen, fait observer que la puissance de travail annuel, en France, en supposant
qu'il y ait 280 jours de travail par année, et en prenant pour base

---

1 *Traité des Finances*, tome 1, p. 66.

l'année 1898, se décompose comme suit :

Travail patronal	1,611	millions de journées
Travail ouvrier	2,692	millions de journées
Travail animal	4,552	millions de journées
Travail vapeur	39,960	millions de journées
TOTAL :	48,815	millions de journées

Par conséquent, en 1898, le travail de 38,000,000 de Français, en tenant compte des machines, équivalait au travail d'une population d'environ 175,000,000 qui ne se servirait pas de machines mues par la vapeur ou autres agents mécaniques. En 1907, ces chiffres seraient beaucoup plus élevés, car le nombre et la puissance des machines augmentent sans cesse.

En appliquant le même calcul à la population actuelle des États-Unis, on trouve que 76,000,000 d'Américains pourvus de machines travaillent autant que 282,000,000 de personnes qui n'en auraient point. D'après le calcul, le groupe français du Canada, à peu près dépourvu de grands agents mécaniques, ne représente aujourd'hui que le travail de 1,600,000 hommes. L'établissement de la grande industrie augmenterait de quatre et demi la puissance de travail, non seulement de la population actuelle, mais aussi celle que nous avons perdue et qui nous reviendrait rapidement. Le travail qu'accomplirait alors cette population équivaudrait à celui de 12,000,000 de Canadiens français travaillant dans les conditions actuelles [1].

Ces calculs sont bien propres à faire comprendre l'importance du développement industriel et l'infériorité qui résulte de son absence. Insistons pourtant sur ce point que si la plupart de nos moteurs naturels étaient utilisés comme ils devraient l'être, l'avantage nous apparaîtrait beaucoup plus considérable encore. Il est très probable que dans de telles conditions, la province de Québec contiendrait dans dix ans d'ici dix millions d'hommes ayant la capacité productrice d'une population de 100,000,000 qui ne se serviraient pas de machines mues par la vapeur ou par l'électricité.

1 Nous avons sans doute des machines dans la province de Québec, mais celles qui appartiennent à la population française sont relativement peu importantes.

Errol Bouchette

Les avantages d'un système régulier de développement industriel ne se borneraient pas là. Sans lui on pourra élaborer et promulguer de bonnes lois pour la protection des forêts et des autres ressources naturelles, mais on ne parviendra jamais à les mettre en vigueur, car le peuple, ne comprenant pas leur importance et ne voyant en elles que des tracasseries inutiles, les violera.

Avec le développement industriel, les entraves qu'une suite de circonstances malheureuses, encore plus que l'apathie des gouvernements met à la colonisation, tomberaient d'elles-mêmes. Nous aurons occasion de revenir plus tard sur cette partie de la démonstration. Enfin, exploiter les ressources de son pays, c'est le seul moyen de les conserver et de ne pas être dépossède du pays lui-même. C'est pour ne l'avoir pas fait que les Boers ont perdu leur indépendance, que la Chine, le Maroc et tant d'autres pays sont en danger d'être conquis et morcelés.

Le vieux dicton tient toujours : une vigilance éternelle est le prix de la liberté.

Revenons maintenant plus directement à la question qui nous occupe. Comment pourrait-on se procurer sans retard les ressources immédiatement nécessaires pour mettre en valeur l'immense domaine industriel du Canada ? Pour répondre à cette question, il faut tout d'abord nous rappeler ce que nous disions au chapitre précédent et creuser un peu plus avant cette question du capital.

Les doctrinaires économiques affirmaient autrefois que le capital industriel d'un peuple ne se forme que lentement, et par le moyen de l'épargne. Sans doute, il est vrai en principe que la richesse publique d'un pays dépend du travail de ses habitants. Cette richesse accumulée et appliquée à des fins industrielles peut à la rigueur s'appeler épargne, mais il est faux de dire que cette épargne soit toujours une richesse lentement accumulée. Les métaux précieux font partie de la richesse publique. Dira-t-on que celui qui découvre une mine d'or et qui en extrait un million en quelques mois ne possède pas un capital ? Peut-on dire que ce capital soit le fruit de l'épargne ? La vérité, c'est que le concept de ce qui constitue un capital doit varier à l'infini, suivant les conditions infiniment variées où peuvent se trouver les peuples et les individus ; et qu'il faut accepter les principes de la science économique comme on accepte ceux de toutes les sciences, en les adaptant toujours aux conditions particulières où l'on se trouve et en les modifiant à mesure que l'observation nous les fait mieux connaître.

En proclamant les avantages de l'épargne les économistes classiques ont certainement raison. Sans elle, un peuple ne jouira jamais du bien-être durable et de la vraie prospérité. L'épargne c'est une des formes de la sagesse. Le gaspillage est un vice et le vice porte toujours sa punition avec lui. Il est encore vrai, mais en partie seulement, que le capital industriel de l'Europe s'est constitué lentement et par le moyen de l'épargne. Dans le vieux monde, la progression a été graduelle et l'épargne longuement accumulée a suffi en partie à la capitalisation.

Aux États-Unis tout s'est passé autrement. Il était impossible de créer lentement le capital industriel. Même le surplus du capital européen qui venait chercher des placements en Amérique ne comblait pas la lacune. On eut donc recours au système corporatif, à la concentration ; de là l'immense développement des syndicats, puis des trusts.

Ces grandes organisations industrielles, qu'il ne faut pas confondre avec les « combines » et les « corners », dont notre public comprend suffisamment le sens, sont fort intéressantes à étudier, et, pour les fins de notre travail, il est nécessaire d'en dire quelques mots. Un ancien gouverneur du Massachusetts, Roswell P. Flower, leur consacrait un article important dans le Gunters' Magazine d'octobre 1897.

« L'universalité de ce mouvement, dit-il, établit qu'il est d'ordre naturel ; la tendance en est, je crois, de saine économie. On y trouve en somme le principe de la survivance du plus apte. Le capital n'a qu'une fonction : aider à la production. L'existence même d'un capital placé dans une industrie quelconque dépend de sa capacité de produire la richesse à aussi bon marché que ses concurrents. À l'encontre des autres formes de la richesse, le capital une fois placé n'est recouvrable que sous la forme de profits. S'il ne produit pas, il est perdu ; son existence dépend donc de son emploi profitable, c'est-à-dire, de son efficacité relative par rapport à d'autres capitaux mis concurremment au service du corps social ». Cet auteur croit fermement à l'efficacité du capital ainsi concentré par les industries réunies en syndicats, c'est-à-dire à l'efficacité de la concentration industrielle. Il cite à l'appui de son opinion certains chiffres intéressants. Les étoffes de coton se vendaient, en 1830, 170 la verge ; aujourd'hui on peut en acheter de meilleurs pour 40 et 50. Le prix des objets de fer ou d'acier a baissé successivement de 30, 60 et 80 pour cent et la qualité est supérieure. Enfin la concentration du capital, depuis 1860, a augmenté le bien-être public de 24 pour cent pendant chaque décade.

La concentration industrielle est donc une phase dans l'évolution économique des peuples, c'est le dernier phénomène que les économistes ont enregistré et le résultat général prouve qu'elle indique en somme un progrès. C'est une application nouvelle des principes de l'organisation et de la division du travail, dont nous admirons partout les merveilleux résultats. Mais le principe de la concentration industrielle adopté, - il l'est aujourd'hui par tous les grands économistes et il est reconnu, en fait sinon en droit, par tous les gouvernements, - il faut s'entendre sur la manière de l'appliquer.

Dans sa forme bienfaisante elle n'est pas le trust américain. Celui-ci, en général, est un monopole industriel abusif et dangereux qui a surgi sous la pression de la nécessité ; il opère souvent par fraude, plus souvent encore par intimidation. C'est la première phase d'une révolution violente, d'où il peut sortir un principe vrai, mais informe et difficile à dégager.

Les coalitions de capitaux existent également dans les pays d'Europe, mais là leur action est plus douce, plus sage et plus bienfaisante. Le cartel et le syndicat ne sont point des instruments de domination, mais des ligues de producteurs travaillant dans leur intérêt commun à tous, où aucun des membres ne perd pas son individualité, où chaque allié conserve une grande part de sa liberté d'action. On trouve dans toutes ces organisations des caractères communs, mais très distinctement modifiés par le génie national et l'organisation politique de chaque peuple [1]. La concentration industrielle est donc au fond, et elle tendra de plus en plus à devenir en fait, une forte organisation appliquée au travail industriel, de façon à lui faire produire les meilleurs résultats avec la moindre

---

[1] Grâce à l'initiative récente des Allemands, l'industrie métallurgique européenne ne forme plus qu'un vaste cartel ; les établissements métallurgiques de chaque pays s'engageant à limiter leur production afin d'éviter la surproduction.

Chapitre 9 : Nécessité d'une politique industrielle

dépense de forces. Elle peut prendre une infinité de formes, mais la plus parfaite et la définitive sera sans doute une impulsion et une direction régulières et calculées, imprimées au développement de toute une région, ou même de tout un État lorsque les circonstances le permettront. Cette méthode paraît surtout convenir aux pays neufs où le législateur avisé attire à lui l'industriel et où tous les deux conviennent ensemble des conditions du travail.

Ces nouvelles manifestations économiques sont de l'essence même de l'évolution moderne, cela est de toute évidence. Non seulement elles ont augmenté rapidement la richesse industrielle des pays où elles fleurissent, mais, par la nature même de leur organisation, les industries soumises à ces lois cherchent à étendre au loin le champ de leurs opérations. Elles ont en effet, pour résultats, la production scientifique et la surproduction.

Que les trusts américains qui sont, nous l'avons vu, l'ébauche la moins recommandable de cette idée, tendent à envahir le Canada et qu'ils ont même déjà commencé, cela est constant. Or, cette invasion peut constituer un grave danger pour la nationalité canadienne. Notre domaine industriel est tellement riche et avantageux à exploiter, que le livrer sans condition à des étrangers ce serait leur livrer notre pays.

Il faut donc que nous opposions à la nouvelle méthode industrielle qui nous arrive sous la forme du trust, une méthode mieux conçue, moins dangereuse et qui vous fournira en aussi grande abondance ce capital « médiat » dont nous avons besoin. Si nous pouvons faire cela, le trust se trouvera désarmé.

Les princes industriels de l'Amérique raisonnent à peu près comme suit : Le monde est une mine qu'exploite l'industrie. Nous avons trouvé une manière d'exploiter cette mine plus avantageusement que nos prédécesseurs, et tout en faisant nos affaires, nous trouvons moyen d'augmenter le bien-être général partout où nous nous implantons. Faites-nous donc place, nous sommes des « civilisateurs ». Nous devons pouvoir leur répondre dans un langage non moins fier : Il est très vrai que vous êtes de grands industriels et, dans un sens, des civilisateurs. Mais nous non plus nous n'avons pas complètement ignoré le progrès. Vous avez eu, dès vos débuts, une nombreuse population indigène à desservir, vous avez pu vous protéger en dedans au moyen de tarifs douaniers prohibitifs qui vous ont permis, sans trop de sacrifices, d'édifier un vaste commerce étranger. L'industrie canadienne a dû faire face à des conditions bien différentes. Elle ne possède pas de grand marché domestique où elle puisse se refaire des pertes que pourraient lui causer ses ventes à sacrifice sur les marchés étrangers. Elle doit, pendant de longues années encore, fabriquer presque exclusivement pour l'exportation. Elle a donc dû faire une application plus parfaite que vous du principe de l'organisation industrielle. Vous verrez ici une pensée supérieure dirigeant l'action du capital sans lui commander ni le contraindre, dirigeant aussi l'exploitation sans lui imposer d'entraves ; une pensée qui s'occupe spécialement de la question des débouchés et de l'écoulement des produits manufacturés. Nous avons enfin, ce que vous n'avez pas, « une politique industrielle », c'est-à-dire, une organisation complète des ressources de la nation, de façon à lui permettre de faire face aux nouveaux problèmes qui se présentent. Nous reconnaissons que la science est nécessaire à l'industrie et nous l'y appliquons ; mais nous savons aussi que notre politique serait sans valeur si elle ne s'occupait pas également du côté social de l'industrialisme, et surtout de la permanence des ressources qui l'alimentent.

En vous observant, nous avons compris ce qu'est la tyrannie industrielle. Vous avez déclaré la guerre aux entreprises petites et moyennes qui tombent les unes après les autres sous vos coups. Votre concentration tend à former un peuple d'ilotes sous le joug de quelques capitaines d'industrie dont la richesse est incalculable. Entre ces maîtres et ces esclaves, il n'y aura bientôt plus aucune place pour les classes moyennes. Vous vous acheminez rapidement vers le cataclysme que prédit le socialiste allemand Karl Marx, car si vous avez su produire la richesse, vous n'avez pas su la répartir, ni voulu respecter les droits des citoyens. C'est en vain que les hommes publics de votre pays, prévoyant les résultats funestes d'un état de choses auquel il n'est plus en leur pouvoir de remédier, voudraient diriger l'opinion vers un néo-impérialisme, qui, dans leur pensée, pourrait retarder la catastrophe. Ces expédients blâmables, les fantômes de la gloire et de la conquête, ne courberont pas un peuple libre sous l'oppression. Et pour ce qui est du peuple canadien, il n'entend pas sacrifier la permanence de ses richesses nationales à une activité éphémère qui le laisserait plus pauvre qu'auparavant. Nous vous accueillons volontiers, individuellement, avec votre science, votre expérience et vos millions, parce que l'entrée de notre pays est libre et non pas parce que nous désirons votre venue. Mais vous devrez laisser l'oligarchie à la porte ; il n'y a point de place pour elle chez nous, car nous travaillons, nous, pour l'avenir comme pour le présent, et si vous êtes des civilisateurs nous le sommes aussi et à meilleur titre.

Qu'est-ce donc que cette politique industrielle que nous voudrions opposer au régime des trusts ? A-t-elle pour but de placer entre les mains du gouvernement le contrôle absolu ou même partiel des entreprises industrielles ? Demandons-nous l'établissement au Canada du « paternalism » dont les économistes nous signalent les dangers ? Voulons-nous nous rapprocher du socialisme d'état, en formant un trust gigantesque dont le gouvernement serait le centre ?

Non pas, car ce serait là un état de choses point du tout désirable.

Écoutons encore M. Paul Leroy-Beaulieu, que nous avons déjà cité, relativement au rôle légitime d'un gouvernement dans l'établissement d'une politique industrielle. Cet économiste, nous le savons, est tout à fait hostile à l'ingérence de l'État dans les affaires des particuliers. Il a écrit tout un livre, l'État Moderne et ses Fonctions, pour démontrer l'importance économique pour les peuples contemporains de restreindre le champ d'action des gouvernants.

« La mission de l'État, dit-il, dans cet ouvrage, c'est de contribuer suivant sa nature et ses forces, sans empiéter aucunement sur les autres forces ni en gêner l'action, au perfectionnement de la vie nationale, à ce développement de richesse ou de bien-être, de moralité ou d'intellectualité que les modernes appellent le progrès ».

Passant en revue les différentes fonctions des gouvernements modernes, il s'attache à démontrer les abus de pouvoir et les empiètements qu'ils commettent. Puis il énumère les cas où l'État doit intervenir. Comme représentant de la perpétuité sociale, l'État doit veiller à la conservation des conditions générales d'existence de la nation. Il doit s'occuper de la conservation du climat, du territoire cultivable, des forces hydrauliques, des forêts, des mines, de toutes les richesses naturelles qui ne se reproduisent pas. Dans cette tâche l'État doit être appuyé par les particuliers ou les associations, mais il ne doit pas s'abstenir. Et l'auteur ajoute que tout cela est surtout vrai pour l'État démocratique.

Ne dirait-on pas que celui qui a écrit les pages que nous venons ainsi de résumer en quelques phrases, connaissait intimement les conditions existant au Canada ? Ses conclusions ne sont pourtant que le résultat d'une observation générale de la question, et nous devons admirer la profonde science sociale de cet homme qui, guidé par la pure raison, a su ainsi nous indiquer avec précision où et comment diriger notre effort gouvernemental.

Notre politique industrielle doit viser à la conservation de la propriété sociale, d'abord en interdisant les dénudations qui transformeraient notre pays en un désert, puis en assurant l'existence perpétuelle de nos ressources forestières et hydrauliques et autant que possible de nos ressources minières. Ce sont là, en effet, avec l'agriculture, les conditions mêmes de l'existence de la nation. Mais, ainsi que nous l'avons déjà dit et que nous le répéterons plusieurs fois encore au cours de ce travail, nos gouvernements ne peuvent espérer conserver les conditions générales d'existence de la nation, surtout la forêt et les forces hydrauliques, seulement en édictant des lois. Nous savons que ces lois resteront toujours impuissantes et inefficaces, si elles ne sont pas soutenues par la seule sanction réelle de la Io ;, par l'opinion publique. Le public ne comprendra l'importance de ces choses que lorsqu'on lui en aura fait voir la démonstration pratique. Et cette démonstration ne pourra jamais se faire efficacement que par le développement industriel, particulièrement le développement industriel forestier.

Il faut donc inaugurer une politique industrielle par laquelle le gouvernement, sans empiéter aucunement sur l'initiative individuelle ni en gêner l'action, puisse perfectionner la vie nationale et assurer sa permanence en développant l'intellectualité, la richesse et le bien-être du corps social tout entier. Ces principes ont-ils jamais été appliqués au Canada et particulièrement dans la province de Québec ? Nous répondrons à cette question un peu plus loin. En attendant, n'est-il pas évident qu'une telle politique devrait commencer par] !instruction industrielle générale du peuple à tous les degrés ; qu'elle devrait se continuer en décrétant la permanence absolue de la forêt, des forces hydrauliques et des autres

Chapitre 9 : Nécessité d'une politique industrielle

sources de la richesse nationale ; qu'enfin cette permanence de nos ressources devrait être rendue réelle et efficace par leur développement systématique et scientifique au moyen de l'industrie pratique. Et pour atteindre ce but, il faut évidemment un système quelconque d'encouragement, de propulsion, qui permettrait à une pensée maîtresse d'assurer en même temps la prospérité agricole et industrielle d'une vaste région et l'avenir économique et national du peuple qui l'habite.

De plus, en élaborant un tel système ne semble-t-il pas que l'on doive tenir compte du phénomène si important de la concentration industrielle, toujours en écartant ses inconvénients et sans toucher en quoi que ce soit à l'initiative individuelle ni à la liberté légitime de chacun ? Tout cela a besoin d'explications et de développements. Avant d'aller plus loin, cependant, il est important de ne pas oublier que la mise en oeuvre d'une telle idée n'appartient pas au gouvernement central, bien que celui-ci puisse y participer et y aider indirectement mais puissamment. Chaque province doit prendre l'initiative, en veillant à la conservation et au développement de ses ressources, parce que ces ressources variant dans chacune, les mesures à prendre peuvent être différentes.

Voyons maintenant ce que doit être cette politique industrielle dont nous avons essayé de démontrer l'urgente nécessité. Pour cela, il est bon de déterminer tout d'abord ce qu'elle ne doit pas être.

Tout mouvement qui tend à dépeupler les campagnes et à entasser la population dans les villes est un mouvement anti-social qu'il faut enrayer.

La crainte légitime du dépeuplement des campagnes, que l'état social de la classe agricole d'il y a quelques années ne justifiait que trop, a retardé considérablement le mouvement industriel, dans le Canada français plus particulièrement. Un grand nombre de personnes bien intentionnées se sont élevées contre l'industrialisme, puisque l'industrie, dans leur opinion, devait pousser la population vers les villes. M. Gigault, sous-ministre de l'agriculture de la province de Québec, est un partisan de ces idées que nous partageons en ce qui touche au principe énoncé ci-dessus. Il vaudrait bien mieux renoncer à la grande industrie que de dépeupler les campagnes. « N'oublions pas, s'écriait M. Gigault, dans un discours prononcé à l'une des dernières réunions de la société d'industrie laitière, à Saint-Hyacinthe, n'oublions pas que nous devons avant tout travailler à la diffusion des connaissances agricoles ; nous devons avant tout faire aimer la vie rurale. N'allons pas détourner notre population de l'agriculture pour l'attirer vers les villes. Nous commettrions une faute dont nous regretterions les déplorables conséquences. Il sévit actuellement en Allemagne une crise financière des plus dangereuses. Dans ce pays, les écoles techniques ont été multipliées ; on y a formé un grand nombre d'ouvriers d'une grande habileté ; comme résultat, l'industrie manufacturière a pris un grand développement, encombrant le marché et provoquant la crise dont ce pays est aujourd'hui la victime. Aussi un économiste allemand, écrivant sur ce sujet, reproche aux autorités d'avoir encouragé l'industrie aux dépens de l'agriculture et d'être les auteurs du lamentable état commercial de l'Allemagne. Si nous jouissons d'une prospérité vraiment enviable [1], c'est que nous avons évité l'erreur dans laquelle est tombée l'Allemagne ; c'est parce que nous avons avant tout encouragé le développement de nos ressources agricoles ».

Ce que dit M. Gigault de l'importance primordiale du développement agricole est absolument vrai. Dans tous les pays où l'on a souci de la prospérité publique présente et à venir, l'industrie agricole doit conserver la première place. C'est parce que nous en avons la conviction profonde que nous répétons ici cet autre principe déjà énoncé au cours de ces études : « La conservation du sol et la prospérité des classes agricoles dans le Canada français sont intimement liées au développement, d'après une méthode vraiment nationale, des industries dont la région fournit les matières premières et particulièrement des industries forestières ».

C'est pour cela que nous affirmons la nécessité d'une politique industrielle. C'est cette politique précisément qui empêchera le peuple d'abandonner la campagne pour la ville, car l'un de ses premiers effets sera de coloniser rapidement les terres publiques. Pré-

---

1 La prospérité dont parle M. Gigault, est réelle, pour ce qui est de l'agriculture, au moment actuel ; mais elle ne nous garantira pas dans l'avenir contre l'absorption économique par les Américains, ce danger que le révérend Père Lalande signale avec tant d'éloquence et de vérité.

tendrait-on, par hasard, qu'il est préférable d'attendre et de subir l'industrialisme étranger, surtout l'industrialisme américain ? C'est bien alors que nous aurions vraiment à craindre le dépeuplement des campagnes qui est toujours la conséquence d'un état social vicieux. Mais ne nous attardons pas à des arguments déjà plusieurs fois répétés au cours de ce travail. Passons aux autres points, qui sont intimement liés à celui-ci.

Le but d'une politique industrielle devrait être de développer non pas les industries exotiques ni même toutes les fabrications dont on trouve la matière première dans les pays, mais surtout celles où le Canada peut entrer avantageusement en concurrence avec les autres pays du monde.

Il nous a toujours paru que sur ce point nous avions fait fausse route, et le mouvement industriel que prétendent nous révéler nos statisticiens ne nous a jamais semblé bien sérieux. Osons dire toute notre pensée, nous croyons souvent y découvrir un gaspillage inutile de forces. Il ne nous est pas facile, par exemple, de croire à la réussite prochaine dans notre pays de la grande industrie textile. Nous entendons le vrai succès industriel, non pas l'existence plus ou moins chanceuse de quelques fabriques isolées. Il est tentant sans doute pour des Canadiens d'essayer d'implanter chez eux ces industries. Nous sommes en relations commerciales intimes avec l'Angleterre et les États-Unis, les pays du monde où l'on fabrique le plus de tissus de laine et de coton. Les capitaux anglais surtout se prodiguent volontiers pour des industries de ce genre ; il est facile de trouver en Angleterre des ouvriers assez instruits qui ne demandent pas mieux que d'améliorer leur sort en émigrant. Mais ces avantages du début semblent quelque peu illusoires. Non pas précisément à cause de la matière première qu'il faut importer, car l'exemple de l'Angleterre prouve qu'on peut surmonter ce désavantage dans certaines circonstances. Cependant les conditions qui favorisèrent les débuts industriels de l'Angleterre dans le tissage du coton, par exemple, n'existent pas du tout en Canada.

Cela est de notoriété historique. Passons donc à ce qui nous paraît devoir être, pour nous, pendant longtemps encore, une cause inévitable d'insuccès dans ces branches d'industrie.

Cette cause c'est la concurrence étrangère contre laquelle, faute de marché indigène, il nous est impossible de protéger ces industries au moyen de tarifs douaniers. Se fait-on une idée de l'importance de cette concurrence ? Prenons, par exemple, les lainages. Voilà une industrie pour laquelle nous trouvons dans notre pays une excellente matière première. La laine de nos moutons est de première qualité, les étoffes que produit notre industrie ménagère en font foi, et il serait facile de multiplier les troupeaux. Mais on trouve des moutons partout, et dans presque tous les grands pays on tisse la laine, non seulement pour la consommation sur place, mais aussi pour l'exportation.

Ces industries, longuement établies, y ont poussé des racines dont on ne soupçonne pas la profondeur. Ici il est fort douteux que nous puissions obtenir la machinerie nécessaire, même en la payant. L'aurions-nous que nous ne saurions pas nous en servir, ni traiter la laine et la filure. Il nous faudrait passer par une période de longs tâtonnements. Là-bas on sait tout ce qu'il faut faire et on le fait dans la perfection. Le travail se subdivise entre de vastes établissements spécialisés ; l'on n'épargne ni le temps ni l'argent pour obtenir une fois pour toutes le résultat voulu. Ouvriers et ingénieurs sont instruits dans d'excellentes écoles technique pour lesquelles on dépense chaque année, en Angleterre seulement, plus de six millions de dollars ; ils se perfectionnent par une pratique incessante. Dans les centres de l'industrie des lainages, districts de Leeds et de Bradford, on trouve d'immenses usines où l'on ne produit qu'une seule espèce, qu'une seule qualité de marchandises. Depuis des siècles les secrets se transmettent, l'expérience s'accumule de génération en génération. Dans l'une on ne fabrique depuis cent ans que des couvertures blanches ; une autre n'a jamais fait qu'une seule espèce de tricot, et tout cela en quantités immenses dont les chiffres écrits ne nous donnent aucune idée. Le Yorkshire à lui seul possède cent mille métiers à laine et plus de 2,250,000 fuseaux.

Comment soutenir la concurrence dans de telles conditions ? Quand pourrons-nous espérer d'atteindre le chiffre d'affaires de la moindre des importantes villes industrielles d'Angleterre ?

Tout ce que nous disons des lainages s'applique avec infiniment plus de force à la fabrication des cotonnades [1]. Plus tard la concur-

1 Il est bien entendu que ces remarques ne s'appliquent qu'à la grande industrie d'exportation. Quant aux industries ménagères qui sont d'une si grande impor-

rence pourra devenir possible, aujourd'hui elle ne nous semble pas l'être. Pourquoi donc nous soumettre à cette concurrence ruineuse lorsqu'il est possible de nous enrichir et de développer notre pays par des industries où nous ne rencontrerons pas de rivaux sérieux ? Cultivons d'abord dans notre jardin national celles de nos plantes indigènes que les autres pays ne possèdent point en quantités exploitables. Commençons par les industries forestières. Nous n'entendrons plus alors, à New-York, les propriétaires des journaux à grand tirage prédire qu'ils seront obligés de faire la conquête du Canada pour s'approvisionner de papier. Cette prédiction n'est pas une vaine menace. « Le papier, dit le vicomte G. d'Avenel, est avec le fer la marchandise dont l'usage en notre siècle a le plus augmenté. A eux deux ces objets l'un si fragile, l'autre si solide, ont été, dans l'ordre moral et matériel, les principaux agents du progrès ».

Admettons-nous l'utilité et à plus forte raison la nécessité et l'urgence d'une bonne politique industrielle ? Nous conviendrons alors qu'il est essentiel, tout d'abord, qu'elle repose sur autre chose que sur des discussions académiques ou sur des combinaisons douanières. Tout cela, nous l'avons vu, n'est pas le point capital chez nous, et de tels débats dégénèrent trop souvent en un mot d'ordre de parti. Cette politique doit reposer sur des principes d'une justesse et d'un effet pratique démontrés.

Pour ce qui est de la participation légitime de l'État, nous croyons avoir trouvé ces principes énoncés par M. Paul Leroy-Beaulieu. Quant à la part que doit y prendre l'initiative individuelle, nous trouverons certainement des indications utiles en étudiant l'organisation de l'industrie laitière telle qu'elle existe dans la province de Québec.

L'industrie laitière commença à s'implanter en Canada vers l'année 1870. A cette époque, elle était nulle dans la province de Québec.

C'est dans le comté de Rouville que s'ouvrit la première beurrerie, vers 1870. Quelques années plus tard nous importions nos premières machines centrifuges. La première de toutes dans la pro-

tance dans l'économie d'un peuple, elles entrent dans une toute autre catégorie. Dans la province de Québec elles évoluent et nous pourrions signaler plusieurs fabriques de lainages qui sont certainement les noyaux d'une grande industrie qui se développera dans l'avenir.

Errol Bouchette

vince, la première en Amérique, fut installée à Sainte-Marie de Beauce par feu le colonel Henri Duchesnay, plus tard député de Dorchester. Il sacrifia à cette fin des sommes considérables, à une époque où le succès était bien incertain. M. Barré, qui avait été envoyé par le gouvernement provincial pour étudier l'industrie laitière en Danemark, était le directeur de cette fabrique. Tout n'était alors que difficultés. Les cultivateurs étaient défiants, le capital se dérobait. Les progrès étaient bien lents. Mais en 1882 les choses changèrent de face parce que, à cette époque, l'on adopta une politique industrielle laitière. Le gouvernement de l'époque mérite les plus grands éloges pour le bienfait ainsi conféré. Son mérite cependant se borne à avoir compris le rôle et l'utilité de la société d'industrie laitière, que la législature de Québec constitua en corporation. Voici les clauses fondamentales de l'acte constitutif :

« La société d'industrie laitière, dans le but d'obtenir une diffusion plus prompte et plus complète des meilleures méthodes a suivre pour la production du lait, la fabrication des produits laitiers et en général l'avancement de l'industrie laitière, peut subdiviser la province en divisions régionales, dans lesquelles des syndicats, composés de propriétaires de fabriques de beurre et de fromage et autres établissements laitiers, peuvent être établis.

« La formation et le fonctionnement de ces syndicats sont régis par les règlements adoptés par la société et approuvés par le lieutenant-gouverneur en conseil, et tels syndicats sont sous la direction et la surveillance de la société. »

« À ces syndicats, le lieutenant-gouverneur en conseil peut accorder, à même le fonds consolidé du revenu, une subvention égale à la moitié des dépenses encourues pour le service d'inspection et d'enseignement organisé dans le syndicat, y compris le traitement d'inspecteurs, leurs frais de voyage et autres dépenses en relation directe avec tel service, mais ne devant pas excéder $300 pour chaque syndicat ».

La société d'industrie laitière ainsi créée prit l'initiative de tout le mouvement, avec l'appui du gouvernement. Ses membres furent infatigables dans leurs études et leur surveillance. Ils établirent, à Saint-Hyacinthe, une magnifique école de laiterie où le nombre des élèves augmente d'année en année. Nous savons tous les admirables, les incroyables résultats obtenus. Ils sont dus à l'initiative éclairée de la société d'industrie laitière. Mais celle-ci n'aurait pas obtenu ces résultats sans l'appui et l'aide du gouvernement provincial, qui adopta une politique laitière et aida pécuniairement à l'organisation. Un concours encore plus indispensable vint des hommes à l'esprit vraiment patriotique, qui créèrent un mouvement d'opinion publique favorable et aidèrent à répandre les idées qu'émettait la société.

Nous trouvons dans la société d'industrie laitière, dans l'influence qu'elle exerce, dans ses ramifications par toute la province, un exemple des effets bienfaisants de l'organisation et jusqu'à un certain point de la concentration économique, dont les trusts représentent l'usage abusif. Nous trouvons dans cette organisation, en tenant compte toutefois des différences dans le genre du travail, ainsi que des conditions sociales et du caractère national, quelque chose de celle des cartels allemands. Elle s'en rapprochera plus encore lorsque la société s'occupera davantage, soit directement, soit indirectement, en usant de son influence auprès des autorités ou sur les acheteurs, de la question des débouchés et de celle des prix. Dans le cartel, en effet, d'après M. Philippovitch, un économiste allemand, « chaque industriel conserve la direction de l'organisation intérieure de son exploitation, mais il se lie avec les producteurs de la même branche pour régulariser et, éventuellement, supprimer la concurrence et se partager entre eux les débouchés ».

Nous constatons donc, en examinant le mouvement qui a donné lieu à l'organisation de l'industrie laitière dans la province de Québec, premièrement la manifestation d'un besoin social urgent ; le cultivateur en était rendu au point qu'il ne pouvait plus vivre sous les conditions existantes. Nous voyons, en second lieu, un certain nombre de citoyens adoptant une idée et s'engageant à en faire une réalité pratique. Plusieurs de ces hommes étaient désintéressés, si ce n'est à titre de patriotes ; d'autres avaient un intérêt financier direct à la réussite du projet. Et ceux-ci n'avaient pas moins de mérite réel que ceux-là, car, la plupart du temps, c'est parmi les gens directement intéressés à une réforme qu'on trouve le moins de clairvoyance et de courage. En troisième lieu, nous avons le gouvernement qui consent à intervenir pour seconder et appuyer de la sanction légale et administrative la société d'industrie laitière.

Errol Bouchette

Cette société a donc accompli ce travail préparatoire ou médiat si essentiel, dont nous parle Rodbertus cité au chapitre précédent.

Est-il possible d'appliquer les principes de la politique laitière à l'établissement d'une politique industrielle ? Pour notre part, nous ne croyons pas que cela soit impossible. Il est même très important que dans une réforme de ce genre le peuple se trouve en présence d'une idée qu'il connaît déjà et dont il a constaté les bons résultats. Mais il ne faut pas oublier qu'ici l'œuvre à accomplir est beaucoup plus considérable et plus compliquée. Et cette remarque reste vraie même si l'on s'en tient tout d'abord à un seul genre d'industrie, à l'industrie forestière, par exemple, qui produit principalement le bois d'oeuvre travaillé de diverses manières, la pâte et le papier.

Nous croyons donc que le premier pas à faire dans le sens d'une politique industrielle serait la formation, sous les auspices du gouvernement provincial, d'une association qui prendrait le nom de La Société des Industries Forestières. Son rôle serait la recherche, l'instruction pratique, la propagande, l'inspection et la surveillance. Pour nous rapprocher des termes du statut qui a donné l'existence légale à la société d'industrie laitière : dans le but d'obtenir une diffusion plus prompte et plus complète des meilleures méthodes à suivre pour assurer la protection et la permanence de la forêt, des chutes d'eau, de la production forestière et de la fabrication scientifique des produits forestiers, la société des industries forestières pourrait établir, avec le concours du gouvernement provincial, un bureau de recherches industrielles et une école d'industrie forestière ; elle pourrait subdiviser la province en divisions régionales pour les fins de propagande et pour l'établissement de syndicats composés de propriétaires d'industries forestières, lesquels syndicats seraient soumis, dans l'intérêt commun, à l'inspection, etc ...

Le bureau des recherches industrielles serait chargé, comme son nom l'indique, de recueillir toutes les données scientifiques pouvant se rapporter aux industries forestières et d'en rechercher les applications pratiques. On pourrait rendre publiques ces informations au moyen de bulletins périodiques et surtout de conférences.

L'instruction se donnerait dans une ou plusieurs écoles d'industrie forestière qu'on établirait dans des endroits accessibles, mais dans la forêt, afin de permettre aux élèves de mettre en pratique ce qu'on leur enseignerait, et aussi afin de diminuer et même peut-être de couvrir complètement les frais d'entretien par la vente des produits de ces écoles-fabriques, qui deviendraient autant de centres de développement industriel scientifique.

La société se chargerait aussi, toujours avec l'approbation et le concours du gouvernement, de subdiviser la province en divisions régionales, où l'on s'occuperait de la création d'industries forestières de toutes espèces, surtout de syndicats de colons chargés de fournir à une foule de fabriques le bois d'œuvre, le bois à pâte et d'autres matières premières plus ou moins préparées.

L'inspection des fabriques servirait à assurer jusqu'à un certain point l'uniformité et contribuerait certainement à hausser la qualité des produits définitifs. Ce serait une application bienfaisante du système nécessaire dans l'économie moderne de l'organisation et de la centralisation industrielles, suivant les principes déjà appliqués à l'industrie laitière. Et, chose importante, ces principes de concentration seraient conformes à l'esprit de notre peuple, si l'on tient compte des conditions sociales où il est appelé à débuter dans la carrière industrielle.

On comprend que dans l'état actuel de la loi et de la coutume, surtout de l'esprit qu'on apporte à l'interprétation et à l'application de la loi, l'action d'une société d'industries forestières, telle que nous l'avons esquissée, serait bien difficile, pour ne pas dire impossible. Il faudrait, pour que son action fût utile, que l'orientation même de la politique forestière fut changée. Le gouvernement devrait s'occuper, indépendamment de la société, de l'instruction industrielle générale de la population, et avec son aide, de la protection et de la permanence de la forêt. Il devrait ensuite, toujours aidé de l'association, créer un fonds de prêts industriels.

Tous ces points sont trop importants pour que nous puissions les traiter dans les limites de la présente étude. Nous nous occuperons de chacun d'eux séparément, après quoi nous pourrons entrer plus en détail dans le véritable rôle d'une société des industries forestières et voir plus clairement quels seraient les résultats d'une telle politique.

Arrêtons-nous donc ici pour aujourd'hui. Que le lecteur surtout ne se décourage pas à la lecture de ces pages trop arides. Qu'il mé-

Errol Bouchette

dite seulement sur l'importance et la grandeur de l'œuvre à accomplir, et dont l'accomplissement paraît si urgent. Elle sera sienne comme elle sera nôtre, comme elle sera celle de tous les citoyens soucieux du bonheur de leur pays. Pour quelle s'accomplisse, il n'est pas essentiel que chacun partage notre manière de voir ; nous n'indiquons pas la voie, nous la cherchons. Mais il faut que tous s'y intéressent et qu'il y ait sur ce point unanimité des cœurs et des volontés.

Chapitre 10 : L'instruction industrielle

L'école des hautes études et les écoles techniques. Ce qu'est l'instruction industrielle populaire ; ne pas confondre avec l'instruction technique - Son importance reconnue dans tous les pays - Écoles continuées de France qui recueillent l'élite de la nation - Efforts extraordinaires de l'Allemagne - Comment adapter notre système aux besoins du temps présent.

Le 14 mars 1907, le gouvernement de la province de Québec faisait adopter par la Législature deux mesures qui resteront mémorables en ce qu'elles établissent le principe de la politique nouvelle dont il est question ici. Ce sont : la loi constituant l'école des hautes études commerciales de Montréal « pour donner aux jeunes gens qui sortent des écoles élémentaires, des écoles commerciales et des collèges, les connaissances nécessaires à la direction des affaires de la banque, du haut commerce et de l'industrie, » et la loi constituant l'école technique de Québec « pour préparer par des études théoriques et techniques les jeunes gens qui se destinent aux carrières industrielles et de développer chez eux une connaissance suffisante de l'industrie en général ». On le voit, ces deux lois sont, en substance, la mise en œuvre des recommandations contenues dans ce livre. Le développement industriel du Canada français sera en bonne voie dès qu'on aura su tirer le parti qu'il faut de l'école des hautes études, car les jeunes gens préparés réclameront des carrières et il faudra pousser la politique industrielle jusqu'à ses dernières conséquences. Ce serait assurément méconnaître les intentions du gouvernement et les aspirations du groupe que d'encourager ces jeunes gens à devenir des salariés, agents commerciaux ou fonctionnaires. De salariés de tous genres nous en avons plus qu'il n'en faut. En détourner nos compatriotes pour en faire des patrons et des capitaines d'industrie, c'est un des buts principaux que nous nous proposons en écrivant ces pages qu'on doit lire jusqu'au bout si on veut en pénétrer le sens.

Nous ne changerons donc rien ou presque rien au texte qui va suivre et qui date de l'année 1904, parce que ce chapitre fait partie intégrante de la démonstration, et aussi parce que ces deux admirables écoles n'auront jamais leur complément d'élèves, si on ne s'occupe pas aussi des degrés inférieurs de l'instruction. On y trouvera certaines indications à ce sujet.

L'instruction industrielle fait partie, nous l'avons vu, de la politique industrielle nationale que nous voudrions établir dans notre pays. C'est uniquement à ce point de vue que nous écrivons ce qui va suivre, en empruntant largement à nos études antérieures sur le même sujet.

Il ne s'agit pas seulement ici des intérêts des industriels, ni de ceux de quelques jeunes gens qui peuvent avoir des goûts pour l'industrie. Si la question se bornait là, on pourrait prétendre - et ce sophisme, érigé en doctrine, a longtemps prévalu en Angleterre - que chacun doit s'arranger comme il peut, se perfectionner à ses propres frais, se plier à la loi commerciale de l'offre et de la demande.

Nous trouverons encore beaucoup de personnes qui ne vont pas plus loin dans leur raisonnement. Tel industriel constate que pour les besoins de son usine, il lui faut des ouvriers ayant une certaine instruction technique ; mais il sait qu'on trouve, non loin de son établissement, des écoles où cette instruction s'acquiert gratuitement. Que voulez-vous donc de plus, s'écrie-t-il ? À notre point de vue, qui est bien éloigné du sien, il a aussi grandement tort que celui qui à l'époque où les Canadiens cherchaient à obtenir le gouvernement responsable, aurait dit : « Mais pourquoi toute cette agitation » Nous avons un souverain juste et bon, représenté par un gouverneur bien disposé ». Sans doute, ces choses sont bonnes et désirables. Mais un peuple veut d'autres garanties. Pour défendre ses frontières, il organise son armée ; s'agit-il de sa liberté constitutionnelle, il organise son parlement. C'est ce que nous avons fait. Il s'agit maintenant de protéger notre vie économique, dont dépend notre existence nationale. Allons-nous donc nous abandonner au hasard ou même à la bienveillance des maîtres de la grande industrie ? « L'homme dont la protection contre l'injustice repose entièrement sur la bienveillance d'un autre homme ou d'une réunion d'hommes, est un esclave - un homme sans droits », disait Benjamin Harrison, autrefois président des États-Unis. N'allons-nous pas plutôt organiser l'instruction industrielle de notre peuple, afin qu'il soit en position de comprendre ses intérêts et ses droits dans l'ère nouvelle qui va s'ouvrir, les Protéger par de sages lois et se mettre en mesure de participer aux avantages de l'industrie ? Voilà toute la question.

Mais organiser l'instruction industrielle dans la province de Québec n'est pas une petite entreprise. Il est bien difficile d'imaginer un système qui réponde aux besoins, et qui soit, en même temps, dans les limites de nos ressources financières. Ce que nous hasardons ici n'est qu'une ébauche, mais elle s'appuie sur les plus hautes autorités européennes.

Sir G.W. Kekewick, secrétaire du Board of Education d'Angleterre, et M. Michael E. Sadler, directeur des recherches spéciales et rapports, chargèrent un certain nombre de spécialistes d'étudier les systèmes d'instruction industrielle dans les différents pays de l'Europe. Grâce à la courtoisie de lord Strathcona, haut-commissaire du Canada à Londres, nous avons pu nous procurer un certain nombre de ces rapports, qui, provenant de sources aussi distinguées, formeront une excellente base pour le présent chapitre. Ce sont un Report on Technical and Commercial Education in East Prussia, Poland, Galicia, Silesia and Bohemia, par James Baker, F.R.G.S. : The Realschulen in Berlin, par Micheal E. Sadler ; Higher Commercial Education of Antwerp, Leipzig, Paris and Havre, même auteur ; The Continuation Schools (Fortbildungsschulen) in Saxony, par F.H. Dale ; The French System of Higher Primary Schools, par R.L. Morant. Nous avons aussi consulté d'autres autorités américaines et anglaises.

Ces études indiquent clairement que depuis vingt ans l'Europe continentale s'est transformée sous l'impulsion de l'instruction universelle dirigée vers les branches techniques. Sous ce rapport

Chapitre 10 : L'instruction industrielle

les États-Unis, mais surtout l'Angleterre et le Canada, sont bien en arrière de la France et de l'Allemagne.

Ce qui distingue l'œuvre d'instruction industrielle en ces pays c'est « l'organisation », le « système », sous une direction unique, mais d'une élasticité suffisante devant les besoins locaux. Les résultats ne se sont pas encore entièrement produits, surtout en France, mais ils sont déjà remarquables. Dans ce dernier pays, en 1886, dix-neuf pour cent des gradués des écoles primaires supérieures qu'on pourrait appeler écoles préparatoires à l'industrie, entrèrent dans la carrière industrielle au lieu de rester de simples journaliers comme ils eussent été autrement. En 1887, la proportion s'éleva à 23 pour 100, en 1889 à 26 pour 100, en 1892 à 27 pour 100. Le pour cent, dit M. Morant, augmente d'année en année.

Et pourquoi ? C'est que dans ces écoles primaires et supérieures, qui sont la continuation des écoles élémentaires et dont les élèves doivent être âgés d'au moins onze ans - on s'attache non seulement à donner à l'enfant des connaissances générales indispensables dans les exploitations industrielles, mais aussi à lui inspirer le goût de l'occupation à laquelle il est destiné, où il passera sa vie et gagnera son pain. Exemple : aux jeunes filles destinées à devenir femmes de cultivateurs ou d'ouvriers, on inspirera le goût des industries ménagères, si importantes et pourtant si négligées dans notre pays, notamment dans la province de Québec, où ces industries tendent souvent à disparaître plutôt qu'à évoluer, précisément faute d'une instruction industrielle suivant la méthode moderne.

Cette influence bienfaisante s'étend à toutes les catégories de travailleurs. Comme le fait remarquer M. Morant, il ne faut pas confondre cet esprit avec la tendance purement utilitaire qui domine dans la plupart des efforts contemporains vers l'instruction. L'instruction industrielle est, sous plusieurs rapports, distincte de l'instruction technique. Dans la pensée du législateur français, elle doit la précéder et la faciliter, de même qu'un cours classique facilite l'étude d'une profession libérale. C'est là un point très important, que nous nous proposons de développer.

M. Cohendy, directeur des écoles primaires supérieures de France, une des autorités européennes en matière d'instruction professionnelle et technique, nous expliquera pour quelles

Errol Bouchette

conditions économiques on s'efforce aujourd'hui de préparer les peuples : « Comme le disait déjà Arago, en 1836, ce n'est pas avec de belles paroles qu'on fait du sucre de betterave : ce n'est pas avec des alexandrins qu'on extrait la soude du sel marin ; ce n'est pas non plus, ajouterons-nous, avec une instruction purement classique que l'agriculture pourra rendre son sol fécond, l'industriel fabriquer à meilleur compte, le commerçant ouvrir de nouveaux débouchés.

« Cette population si nombreuse qui se rattache au commerce et à l'industrie réclame un système d'éducation nouveau. Elle veut une éducation qui réponde mieux à ses besoins, qui la prépare plus directement aux professions qu'elle exerce, qui forme des négociants et des industriels, comme l'enseignement classique forme des lettres et des savants. L'enseignement technique s'impose donc comme une conséquence nécessaire de la transformation. de notre état social ; et cette nécessité paraît encore plus impérieuse si l'on examine la situation nouvelle de nos relations avec les étrangers. La lutte entre les peuples, qui était jadis l'exception, devient la règle et constitue l'état normal des rapports internationaux. Cette lutte, il est vrai, ne se poursuit pas à coups de canon, et elle se porte de plus en plus sur le terrain de la production et des échanges ; mais bien qu'on l'ait qualifiée, par antiphrase sans doute, de pacifique, elle est en réalité tout aussi meurtrière pour les vaincus que les plus sanglantes défaites. Or, on peut l'affirmer sans crainte d'être démenti, la victoire, ici comme ailleurs, appartiendra à celui qui aura le mieux préparé les armes de combats, c'est-à-dire « au plus instruit ». L'organisation de l'enseignement technique n'est donc pas une simple question pédagogique ; c'est, au premier chef, une question vitale pour notre pays ». [1]

Il n'est pas nécessaire d'aller bien loin pour s'apercevoir que le point de vue auquel se place M. Cohendy est le véritable, reconnu tel par les penseurs du monde entier, ainsi que par la plupart des systèmes scolaires.

Examinons maintenant, autant que l'espace nous le permet, quelles mesures ont été prises par différents pays afin d'armer leurs citoyens pour la lutte industrielle, nous appuyant toujours sur les données officielles fournies par le gouvernement britannique.

1 Dictionnaire d'Économie politique, p. 882.

Chapitre 10 : L'instruction industrielle

Nous nous occuperons surtout du système français parce qu'il nous paraît le mieux conçu. En France, en effet, le législateur a profité de l'expérience acquise dans d'autres pays et a pu éviter certains écueils. Les résultats ne sont pas encore aussi visibles qu'en Allemagne, parce que la mise en pratique du système est plus récente.

Les écoles professionnelles, en France, mieux connues dans notre pays sous le nom d'écoles techniques, sont l'école navale, l'école militaire de Saint-Cyr, l'école des Ponts et Chaussés, l'école Polytechnique, les écoles d'Agriculture ; puis au second plan, les écoles commerciales supérieures, les écoles primaires supérieures, les écoles pratiques, les écoles techniques d'arts et métiers. Nous n'avons pas, pour le moment, à nous occuper des grandes écoles scientifiques qui forment la première catégorie.

Comme nous pourrons le constater, la base du système français d'instruction industrielle se trouve dans les écoles primaires supérieures ou cours complémentaires, qui sont la conception de Guizot, mais dont l'idée n'a été définitivement adoptée qu'assez récemment. Elles en sont la base, d'abord parce que leur action est générale, en ce sens qu'elle s'exerce sur tous les enfants d'un certain niveau d'intelligence. Cette action est plus générale même que celle des écoles primaires. Celles-là, en effet, reçoivent aussi les gradués des écoles primaires confessionnelles, car elles n'offrent pas, au point de vue des idées religieuses, les mêmes inconvénients que les écoles primaires. Ensuite à cause de la liberté, la variété et l'élasticité qu'on y trouve. Liberté : le syllabus des études n'est pas immuable et fixé par la loi qui, en ce cas, se contente de certains conseils pour la gouverne des professeurs. Variété et élasticité dans le programme, qui doit se modifier suivant les besoins locaux. L'élève qui sort de ces écoles a l'intelligence préparée. C'est un sol où la semence germera facilement.

Ces écoles enfin, étant des écoles diurnes, et sur un plan entièrement différent des écoles du soir fondées pour les ouvriers, sont évidemment destinées, non pas à la grande masse de ces derniers, qui le plus souvent entrent à l'atelier en quittant l'école primaire, mais aux « sujets d'élite », à ceux qui sont destinés à devenir contremaîtres ou chefs d'industries agricoles ou manufacturières, à s'élever souvent beaucoup plus haut. Pour y être admis il faut avoir au moins onze ans, tenir un certificat d'instruction primaire obtenu

Errol Bouchette

au concours, ou, dans le cas d'élèves d'écoles privées ou confessionnelles, subir un examen. Le but de ces restrictions est d'exclure les enfants qui, étant intellectuellement incapables de profiter de l'instruction qui s'y obtient, donneraient lieu, en y entrant, à une dépense inutile des fonds publics.

Comme il arrive souvent que les enfants capables appartiennent à des familles pauvres qui ne pourraient subvenir à leur entretien pendant leur séjour à l'école primaire supérieure, on a établi un système général de bourses fondées par le gouvernement et souvent aussi par le département ou la commune. Ces bourses sont accordées aux candidats qui, après avoir subi un examen sérieux d'aptitudes, établissent que leurs ressources pécuniaires sont telles que, sans le secours d'une bourse, ils ne pourront continuer à s'instruire ; et lorsque l'un des obstacles provient de la distance à parcourir, la bourse comporte en outre une place dans un pensionnat.

De cette façon, près d'un quart de la population scolaire a l'avantage de prolonger son éducation dans les meilleures écoles imaginables, et d'acquérir, comme nous l'avons dit, non seulement des connaissances générales, mais la connaissance spéciale et le goût de l'occupation à laquelle chacun se destine. Aussi la fréquentation des écoles primaires supérieures, augmente-t-elle notablement d'année en année, bien que la population des écoles primaires reste stationnaire.

Ces écoles sont maintenues en partie par l'État et en partie par les départements ou les municipalités. La contribution du gouvernement s'élève à environ cinq septièmes du montant nécessaire au paiement des instituteurs et ne dépend nullement du nombre des élèves ni des résultats obtenus. Quant aux détails du programme, dans certaines limites, la municipalité, qui fournit le reste des fonds, est à peu près libre.

On croit généralement ici que le système français est rigide et uniforme, qu'on y passe les enfants, pour ainsi dire, tous au même moule. Il n'en est certainement pas ainsi pour les écoles primaires supérieures. Ce que le gouvernement exige c'est la gratuité, puis un programme répondant aux besoins de la localité, et en même temps une certaine somme de connaissances fondamentales jugées indispensables.

Chapitre 10 : L'instruction industrielle

Il faut lire l'ouvrage de M. Morant pour comprendre combien cet admirable système d'écoles primaires supérieures prépare rapidement toute la nation aux travaux industriels. Ces écoles forment d'excellents contremaîtres ou chefs d'atelier pour toutes les industries et envoient des sujets aux grandes écoles techniques et scientifiques. Tout cela, qu'on le remarque bien, s'applique à l'élite triée de la nation.

Ce système répond très bien à l'objection sérieuse, si souvent faite, que tout le monde n'est pas appelé aux emplois supérieurs dans la société et que c'est rendre un mauvais service à ceux qui sont dépourvus d'aptitudes que de leur donner, des aspirations qu'ils ne pourront jamais réaliser. Rien de plus intéressant que de suivre la pensée de ces hommes illustres, Guizot, Duruy, Duplan, Buisson, Gréard, Cohendy et d'autres encore, à travers les expériences et les applications qui en ont été faites. On assiste à une sorte d'incubation artificielle que subit la nation, on voit poindre des résultats qui auront leur effet sur les destinées du monde [1].

Si, au point de vue de la généralisation de l'instruction industrielle, le système français, plus récent, nous paraît le mieux conçu, ce n'est pas à dire que le système allemand ne soit pas remarquable.

Dans les grandes écoles scientifiques d'Allemagne on donne probablement plus d'attention aux applications pratiques qu'en France. On n'y trouve pas, il est vrai, ces écoles préparatoires aux professions industrielles qui forment la base du système français, mais on fait de grands efforts pour donner l'instruction technique à l'ouvrier. Pour comprendre ce système nous ne pouvons faire mieux que de suivre M. F.H. Dale, un des agents du Board of Education envoyés en Allemagne, et qui dans son rapport nous parlera surtout de la Saxe et de son système d'écoles continuées (fortbildungsschulen).

L'ère du développement allemand date de la guerre de 1870 ; c'est aussi depuis cette époque que ce sont développées les écoles conti-

---

1 Le fait suivant pourra nous donner quelque idée des progrès généraux de l'instruction en France. Avant 1870 l'instruction secondaire n'était demandée que par 20,000 familles ; elle est aujourd'hui demandée par plus de 200,000 familles. Cette grande demande d'instruction a donné lieu à l'établissement d'admirables écoles indépendantes d'après le système dit anglais, mais elles sont, sous bien des rapports, une amélioration sur les écoles anglaises.

Errol Bouchette

nuées, qui n'existaient auparavant qu'à l'état d'embryon. La loi impériale allemande décrète ce qui suit (nous traduisons la traduction anglaise) : « Les patrons de toutes les branches d'industrie sont tenus de donner à ceux de leurs ouvriers âgés de moins de dix-huit ans, qui fréquentent une institution reconnue par les autorités de leur circonscription ou de leur État, à titre d'école continuée, le temps nécessaire pour cela, tel que fixé, pour cette institution par les autorités.

« Par ordonnance du conseil de la circonscription ou du conseil communal, l'assistance à l'école continuée peut être rendue obligatoire pour tous les ouvriers du sexe masculin âgés de moins de dix-huit ans. Des mesures seront prises pour assurer la mise en vigueur de l'ordonnance et l'assistance régulière des élèves ».

L'objet principal de ces écoles est d'établir un certain minimum de culture pour tous les habitants du pays ; et puisque, dit M. Pache, directeur des écoles continuées de Saxe, « des enfants de la classe pauvre, à l'âge de quatorze ans, qui sortent des écoles élémentaires, ne peuvent comprendre eux-mêmes la nécessité de continuer et de perfectionner leurs études, on les y oblige ». Il en est ainsi, en Saxe, non seulement pour les jeunes ouvriers, mais aussi pour tous les jeunes gens sortant des écoles élémentaires. On s'efforce de rendre les études aussi utiles que possible à la branche spéciale d'industrie à laquelle le jeune ouvrier est occupé.

Ici se présentent certaines difficultés.

D'abord, dans les villes, il y a toujours des industries plus ou moins variées, nécessitant par conséquent des études différentes. Puis de quel oeil le patron verra-t-il l'absence forcée de son ouvrier ? On s'y prend d'une façon ingénieuse. Les ouvriers sont divisés en classes suivant leurs métiers, et l'on détermine avec les patrons le jour le plus commode pour chaque classe : lundi pour les tisserands, mardi pour les fondeurs, mercredi pour les boulangers et ainsi de suite. Bien plus, l'on consulte les patrons non seulement sur le jour qui leur convient, mais aussi sur la nature des études à développer. Ils prennent place dans les commissions scolaires, ils assistent aux examens et, naturellement, ils finissent par porter un vif intérêt aux écoles et aux élèves, intérêt qui les engage souvent à offrir des prix ou autres encouragements. Les jeunes ouvriers, de leur côté, outre les connaissances qu'ils acquièrent, s'accoutument à l'idée de solidarité entre eux et avec leurs patrons. De cette façon tout le monde y trouve des avantages réels.

Il ne faut pas perdre de vue que cette organisation de l'enseignement industriel en Europe comprend aussi les écoles techniques proprement dites, et les écoles d'apprentissage qui, dans bien des cas, constituent de véritables fabriques dont on vend les produits. Ces écoles sont la conséquence naturelle d'un système d'instruction industrielle et deviennent un besoin réel pour des sujets ainsi préparés. Si nous n'en parlons pas spécialement, on en comprendra facilement la raison. C'est que de telles institutions ne peuvent donner un résultat qu'avec un terrain préparé. Il faut bêcher son jardin avant d'y jeter la semence. Cette dernière opération, pour essentielle qu'elle soit, n'en est pas moins facile quand le reste est fait.

Pour la description de quelques bonnes écoles techniques en Europe, l'on pourra consulter le rapport de Jules Helbronner, section d'économie sociale, exposition de 1889, à Paris. Aussi le rapport du « Department of Agriculture » de Washington, 1892.

En Allemagne et en France, à l'inverse de ce qui s'est pratiqué jusqu'à ce jour en Angleterre et au Canada, on reconnaît en principe que l'instruction industrielle de la jeunesse, non seulement élémentaire, mais à tous les degrés, est un devoir public qui ne doit pas être laissé à la merci des hasards de l'offre et de la demande. C'est là la différence fondamentale. On a donc, en ces pays, organisé scientifiquement l'instruction industrielle, on lui a donné l'unité de direction, puis au-dessus des écoles industrielles à tous les degrés, on a établi les grandes écoles supérieures d'État, foyers d'où rayonne sur le pays tout entier la science pure, productive de toutes les richesses. Il faut lire à ce sujet l'ouvrage de M. James Baker et celui de M. E.-E. Williams, Made in Germany.

Nous n'avons pour ainsi dire fait qu'indiquer quelques-unes des autorités qu'il faut consulter en matière d'instruction industrielle. C'est tout au plus si nous avons essayé d'en extraire certains principes généraux qui pourraient être utiles à ceux qui voudraient se servir de ces études pour fonder un système d'instruction pratique dans la province de Québec. Il nous a semblé remarquable qu'en y regardant de près, les difficultés d'adaptation ne paraissent plus aussi insurmontables qu'on pourrait d'abord le supposer. Sans toucher au cadre de notre système d'instruction primaire, secondaire et supérieure, tel qu'il existe, nous avons sous la main les éléments qu'il faut pour établir, non pas à bon marché - si nous tenons compte de nos maigres ressources - mais sans frais excessifs, un système d'instruction industrielle.

Nos universités sont le siège tout indiqué des chaires de science applicable aux recherches industrielles. Les faire régner plus grandes dans une patrie agrandie, comme dirait Thiers, telle devrait être notre ambition, comme c'est notre devoir. Que nos autorités soient prodigues pour l'installation des laboratoires les plus complets et les plus modernes, qu'elles s'assurent le concours de savants et de professeurs distingués, de façon à créer dans la province de Québec un véritable centre de science. Ils auront alors fait une oeuvre essentielle, sans grever outre mesure le budget. À l'heure actuelle, la branche des sciences est bien négligée dans nos universités et lorsqu'on cherche des hommes pour remplir les vides dans les sections scientifiques de la Société royale ou autres associations, on s'en aperçoit.

Cependant, pour recueillir le fruit des sacrifices que nécessiteront ces choses, il faudra faire plus encore. Avoir une lampe, c'est fort bien, mais si nous voulons qu'elle nous éclaire, il faut trouver de l'huile pour l'alimenter.

Qui dit système, organisation, indique une chose complète où tout s'emboîte et se tient. Sans cela tous les efforts restent stériles ou donnent lieu tout au moins à un gaspillage considérable de forces. Pourquoi l'école Polytechnique de Montréal éprouve-t-elle une certaine difficulté à recruter des sujets vraiment aptes aux hautes études du génie ? Comment se fait-il que dans bien des localités les écoles d'arts et métiers languissent ? C'est là la manifestation d'un vice radical aux degrés inférieurs de l'enseignement. C'est la lampe qui s'éteint faute d'huile. La tête souffre parce que le corps est malade.

Une compagnie de chemin de fer perdrait son argent si, après avoir construit sa voie, elle ne s'occupait pas de trouver des voyageurs, et du trafic pour l'alimenter. Quelquefois ces voyageurs, qui, dans notre cas, sont la population étudiante, viennent d'eux-mêmes ; c'est qu'alors la voie traverse une région déjà riche et peuplée. Souvent, dans un pays nouveau, le chemin de fer précède le mouvement colonisateur et devient par là une oeuvre de développement national. Dans ce dernier cas, il ne suffit pas de choisir soigneusement son tracé, il faut de plus déployer les plus grands efforts pour attirer vers cette région la population et le commerce. Nous avons à nous ouvrir une voie dans la région non développée de l'industrie. Le courant du trafic y est à créer. Pour cela nous avons tout d'abord absolument besoin, non pas seulement de grandes institutions universitaires, mais d'écoles primaires supérieures ou de quelque chose de semblable.

Nos jeunes gens sont admirablement doués. Pour les intéresser aux choses industrielles il suffira de les leur faire connaître. Ils voudront alors voyager jusqu'au bout de la ligne.

Ici nous trouvons, ce nous semble, une ressource précieuse dans nos écoles modèles et nos académies. Ce sont déjà, dans un sens, des écoles primaires supérieures. Mais, pour les rendre vraiment utiles au but que nous avons en vue, il faudrait les modifier considérablement ; d'abord pour ce qui est du programme des études, de façon à en faire de véritables écoles préparatoires aux industries ; ensuite en les rendant absolument gratuites, au moins pour les sujets choisis au concours ; enfin en instituant un certain nombre de bourses pour les sujets d'élite qui, faute de moyens pécuniaires, ne pourraient autrement continuer leurs études.

Nous croyons qu'un tel système, dirigé par des hommes compétents et profondément imbus et animés de l'esprit qui aurait présidé à la création de l'œuvre, ferait naître en peu d'années la nécessité d'écoles techniques de toutes espèces, et finirait par assurer notre supériorité en fait d'instruction industrielle. Nous aurions, en effet, pour continuer notre image, deux têtes de ligne : écoles industrielles préparatoires à une extrémité de la voie, écoles de haute science à l'autre. Entre ces deux points viendraient s'échelonner les stations ; écoles d'arts et métiers, écoles techniques, écoles continuées pour les jeunes ouvriers et cultivateurs, lesquelles surgiraient au fur et à mesure des besoins.

Le courant une fois établi, aucune de ces écoles ne manquerait

Errol Bouchette

d'élèves. À la condition toujours qu'il y ait organisation du haut en bas. De plus, notre chemin de fer parcourant un pays nouveau où les avantages qu'il apporte sont peu connus, il faudra non seulement préparer des facilités au public voyageur, mais aussi l'accoutumer à s'en servir. Dans certains pays cette question serait vite réglée, on ferait prendre aux gens le train de vive force. Ici un procédé aussi radical étonnerait un peu trop, il vaudrait peut-être mieux recourir à la propagande, à la réclame : il faudrait en un mot le concours actif et zélé de tous les hommes dirigeants de notre pays, tant ecclésiastiques que laïques.

Nous avons raison de croire ce concours absolument assuré, et nous en trouvons une preuve dans l'initiative prise par le séminaire Saint-Charles-Borromée, de Sherbrooke, qui a établi un cours industriel et retenu les services de bons professeurs. C'est un exemple à imiter. Du reste, les modifications que nous proposons pour les écoles modèles et académiques sont si simples, si peu coûteuses, elles s'imposent tellement qu'il n'est pas nécessaire d'insister bien longuement. Le Conseil de l'instruction publique pourrait les accomplir presque d'un trait de plume. Il suffirait de changer la distribution des crédits sans augmenter sensiblement la somme totale et d'exiger l'engagement de certains professeurs spéciaux.

Occupons-nous maintenant de la question capitale, de la protection et de l'exploitation des forêts.

Chapitre 11 : L'exploitation des forêts

La question forestière - Son importance et les difficultés sociales et économiques qu'elle présente - État actuel de nos forêts - Opinion de Mgr Laflamme sur la manière de les conserver et de les exploiter - Ce que demande l'opinion publique - Ce que font les gouvernements - Ce qu'ils devraient faire.

À la base même de tout projet de développement industriel dans notre pays, se trouve la question de la protection et de l'exploitation des forêts, c'est-à-dire de l'économie forestière. Nous ne pouvons donc pas nous dispenser de l'aborder. Si nous constatons au début qu'elle est difficile à traiter, ce n'est pas parce qu'elle est nouvelle pour le public [1]. On a publié sur les questions forestières un grand nombre de livres excellents et une masse énorme d'ouvrages d'une valeur plus discutable. Rien ne serait donc plus facile que de faire ici, à bien peu de frais, un traité très savant sur cet important sujet. Mais cela nous entraînerait trop loin et ne serait guère utile.

Nous savons tous à peu près les généralités essentielles. Aux points de vue climatérique, agricole, industriel et social la forêt permanente est une des conditions nécessaires à la vie des nations. Sa disparition n'est pas étrangère à la ruine des grands empires anciens. La Grèce, autrefois très fertile, est aujourd'hui dévastée par les torrents qui se précipitent des cimes dénudées. En Europe, notamment en France, le même phénomène a commencé à se produire dans les régions avoisinants les Alpes, les Pyrénées et le Plateau central. On s'efforce, avec succès, d'arrêter la destruction au moyen de vastes plantations. On a même fait de la forêt un puissant rempart contre les empiètements de l'océan, rempart plus efficace que les fameuses digues de la Hollande.

Personne n'ignore aujourd'hui que la forêt peut être cultivée de façon à lui faire donner chaque année sa moisson, de même que les champs où viennent les légumes et le blé, sans qu'elle s'épuise ni s'amoindrisse. Tenons donc pour admises toutes ces belles vérités et contentons-nous, pour le moment, d'en tirer cette conclusion : protéger la forêt et tout ce qui tient de la forêt, ce n'est pas laisser en repos la hache, la scie et le broyeur, mais c'est la cultiver, afin de lui faire rendre la plus riche moisson possible, sans qu'elle s'amoindrisse quant à son étendue, et de manière à la rendre de plus en plus riche en essences d'une valeur industrielle.

On dit tout cela bien souvent dans de fort belles phrases. Les sylviculteurs officiels deviennent lyriques. La forêt n'est plus seulement un élément économique et social, c'est un organisme doué

---

1 Mentionnons à titre de curiosité qu'en 1701 le grand ingénieur Vauban écrivit un *Traité de la culture des forêts. Il* s'occupe de question de l'exploitation par coupe réglée et donne d'excellents conseils dont nos cultivateurs modernes pourraient profiter. Le sujet est donc loin d'être nouveau. Vauban pose en principe que la conservation des anciennes forêts et la création de forêts nouvelles : sont d'intérêt public et devraient être dirigées par l'État. Cet illustre savant soldat s'est aussi beaucoup occupé dans ses écrits de la colonie du Canada et, si son gouvernement avait écouté ses conseils, l'histoire de notre pays eût été bien différente. Mais il prêchait dans le désert.

Errol Bouchette

d'une vie collective distincte de chaque arbre qui la compose. L'on s'apitoie sur les blessures que l'ignorance lui inflige ; l'on enseigne comment il faut s'y prendre pour les guérir. Mais, et c'est la vraie difficulté, dès que quelqu'un, s'avisant de prendre les belles phrases au sérieux, parle de mettre en pratique ces excellents conseils et de panser les plaies de ce précieux organisme blessé, il s'élève aussitôt un concert de récriminations et de menaces.

Halte-là ! crie d'une voix tonnante le commerçant de bois. Ces arbres m'appartiennent ; je les ai payés, je dois pouvoir en faire ce qu'il me plaît.

Pitié ! supplie le colon d'un ton plus faible, vous voulez donc m'enlever le plus clair de mon gain, me ruiner complètement, priver ma famille de pain. Allez, vous n'êtes qu'un barbare et un mauvais patriote.

Mon ami, vous êtes un peu naïf, disent à leur tour les gouvernements, avec un sourire de supériorité indulgente. Vos propositions sont vraiment recommandables et nous y applaudissons ... en principe. Si nous gouvernions en théorie, ce serait parfait. Malheureusement, il n'en est point ainsi et nous avons besoin de revenus pour administrer la chose publique. Où donc voulez-vous que nous en trouvions si nous cessons de concéder des coupes de bois ? Comment trouverions-nous des acheteurs pour ces bois si nous imposions des conditions trop onéreuses ? Vouloir que nous renoncions à tout cela ! mais c'est absolument impossible... Dans l'intérêt public nous devons continuer.

Mais l'avenir ! répond le réformateur, à ces trois puissances.

Dame, ripostent-elles en chœur, l'avenir fera ce qu'il pourra. Nous ne nous en soucions, qu'en second lieu. Franchement, pour tout dire, nous vivons dans le présent et nous n'avons que faire des théoriciens et des rêveurs. Si vous savez concilier les réformes que vous prônez avec les besoins urgents, les intérêts divers et les droits acquis qui se coudoient, si vous savez comment conserver et protéger les bois tout en garantissant des profits à ceux qui les exploitent, vous êtes assurément plus habile que nous et que tous nos devanciers. Faites-nous part de votre recette.

Voilà comment la question se présente à une foule d'esprits dans notre pays, qui est pourtant, au dire des experts, la principale ré-

Chapitre 11 : L'exploitation des forêts

serve forestière du globe ! Voilà ce qui justifie ces graves paroles prononcées par M. Mélard au congrès international de sylviculture, à Paris, en 1900 : « Nous consommons en ce moment non pas le revenu, mais trop souvent le capital des forêts étrangères qui alimentent l'énorme importation de l'Angleterre, de la France et de l'Allemagne ».

L'humble individu qui écrit ces lignes est bien loin de se croire de force à saisir et à résoudre ces multiples difficultés. Il n'a rien du preux de la légende qui frappait d'estoc et de taille les monstres qui surgissaient dans la forêt enchantée. Mais tout en voulant raisonner, autant que possible, froidement et méthodiquement, il est de ceux qui ont la foi ; il est convaincu que le temps aura raison de ces sophismes, car ce sont des sophismes : il a aussi conscience d'être appuyé par un fort mouvement d'opinion. On pourrait les comparer, lui et ses amis, à ces explorateurs qui vont un peu au hasard à la recherche d'un métal précieux. Ils lavent sans se lasser les sables des rivières jusqu'à ce qu'enfin ils trouvent au fond de la sébile la paillette étincelante qui les guidera jusqu'à la mine qu'ils ouvriront. Agitons donc les sables, cherchons sans cesse l'or des idées. Une recherche consciencieuse nous le fera trouver. C'est dans cet esprit que nous écrivons ce qui suit.

Rappelons tout d'abord, pour plus de clarté, que la forêt canadienne appartient en général aux gouvernements fédéral ou provinciaux. Les rares forêts des provinces et territoires du Nord-Ouest sont pour la plupart du domaine fédéral. Dans les provinces comme dans les territoires, il existe une certaine étendue forestière appartenant à des particuliers. Notre étude s'occupera surtout des premières. Mais celles de la seconde catégorie ne doivent pas échapper à certaines lois promulguées dans l'intérêt public.

Un gouvernement peut s'occuper des forêts comme un propriétaire qui les met en valeur. Il peut en diriger plus ou moins directement l'exploitation, dans le but d'en tirer des revenus immédiats ou à venir. Ou encore, n'étant pas propriétaire du domaine forestier, et constatant que l'intérêt public souffre d'une exploitation vicieuse ou imprudente, il peut, au moyen de lois générales, en réglementer l'exploitation.

C'est ce que devront faire la plupart des législatures aux États-

Unis, où l'on vend au commerçant non seulement les arbres de la forêt, mais la terre même qui les nourrit, en pleine propriété.

Le système canadien, malgré ses graves défauts, est moins nuisible. Dans notre pays, il est vrai, les gouvernements ne se sont jamais occupés directement ou indirectement de l'exploitation scientifique de la forêt. On s'est contenté de vendre le bois à des commerçants qui, bien souvent, ont abusé d'un régime qui leur était déjà trop favorable, pour dévaster notre patrimoine national. Parfois aussi le colon de bonne foi et très souvent le spéculateur illicite, dans leur rivalité sourde ou ouverte avec le commerçant, n'ont pas hésité à le détruire, par haine ou par vengeance. La propriété forestière s'en est trouvée dépréciée d'autant et la richesse publique diminuée dans la même proportion.

Voilà une des funestes conséquences d'une loi vicieuse, tant en principe que dans la manière dont on l'a appliquée. Le lecteur en trouvera de nombreux exemples en parcourant les travaux de la dernière commission de colonisation de la province de Québec. Il est donc nécessaire d'examiner tout d'abord jusqu'à quel point les gouvernements, et particulièrement les gouvernements canadiens, doivent intervenir dans les questions forestières.

En parlant, dans une étude antérieure, de la nécessité d'une politique industrielle, nous avons cité l'opinion de M. Paul Leroy-Beaulieu.. Selon cet économiste,] !État, dans les pays nouveaux, doit conserver la propriété du domaine forestier et des forces hydrauliques qui en tiennent. C'est à ce prix qu'il évitera aux peuples du nouveau monde toutes lés grandes difficultés économiques dont souffrent aujourd'hui les peuples plus anciens. Ce principe suppose un certain entretien et même une sage exploitation par l'État même. Cet écrivain, une autorité en matière d'administration financière [1], ne proposerait certes pas à un peuple d'éviter des difficultés économiques en laissant sa principale source de richesse improductive. Mais n'ayant pas à écrire un traité spécial sur la question, il s'est borné à l'énoncé du principe.

M. Ernest Brunken, secrétaire de la commission forestière du Wisconsin, entre plus avant dans la question. Son livre *North American Forests and their Relation to the National Life of the*

[1] Il fut consulté par les banques françaises au sujet des derniers emprunts russes qu'on a lancés à Paris.

American People, publié en 1900, fait autorité sur notre continent. « Évidemment, dit-il, l'État pourrait agir comme un propriétaire particulier, il pourrait exploiter ses forêts d'après de bonnes méthodes de sylviculture et en tirer le plus fort revenu possible. C'est ce que font beaucoup de pays européens où la sylviculture est florissante. L'on sait que plusieurs pays de l'empire allemand, aussi bien que la France, tirent de leurs forêts publiques une part considérable de leur revenu.

« Les objections tant politiques qu'économiques qu'on peut offrir à l'encontre d'une telle méthode sont faciles à énoncer. Ce sont celles que l'on fait valoir contre toute entreprise commerciale conduite par les autorités publiques. Cultiver la forêt pour en vendre le produit n'est pas une fonction qui convient à un gouvernement. Cela sent le « paternalisme », le socialisme ; la politique généralement acceptée du peuple américain s'y oppose. Nier la valeur de ces objections serait folie. Sans discuter l'opportunité de ces mesures socialistes, nous dirons seulement que nul gouvernement américain, d'ici à de longues années, ne deviendra commerçant forestier dans le seul but de se créer des revenus.

« Mais pour d'autres raisons il peut être opportun de maintenir la permanence des forêts publiques, et alors la question du revenu ne sera que secondaire, à côté de considérations plus importantes. Si un État ou le gouvernement fédéral constatait que l'existence permanente de forêts capables de produire du bois de commerce et autres produits forestiers était absolument nécessaire dans l'intérêt public, et que l'on ne pouvait s'en rapporter à des particuliers pour la conservation de ces forêts, alors la politique du maintien des forêts par le public pourrait être adoptée, malgré les objections ci-dessus mentionnées. »

« J'ose dire que seuls les partisans outrés d'Adam Smith voudraient contester qu'il est du devoir de tout gouvernement d'empêcher, s'il est possible, la disparition de tant d'industries importantes qui tirent de la forêt leur matière première. La majorité du peuple américain, qui favorise le système d'un tarif protecteur, ne s'opposerait pas à un système raisonnable de protection intérieure pour la conservation de cette source vitale de la richesse nationale, et si le peuple se convainc que l'administration gouvernementale seule peut assurer la permanence de la forêt, les fantômes du « pa-

Errol Bouchette

ternalisme » et du socialisme ne l'effraieront pas ».

Nous avons cité tout au long ce passage du livre de M. Brunken, parce qu'il y pose d'autorité les principes qui nous paraissent devoir guider les gouvernements dans l'œuvre de la protection des forêts. Le gouvernement doit intervenir lorsqu'il constate que leur permanence est menacée. Ne l'oublions pas, il ne s'agit pas ici seulement de la conservation d'un appoint économique, c'est l'existence même de la nation qui est mise en question par l'amoindrissement de la forêt. Or quelle est la situation du Canada sous ce rapport ? Nous la trouverons résumée dans un document officiel d'une haute importance. En 1894, le gouvernement fédéral fit une enquête sur les richesses forestières du Canada. Elle fut conduite par M. George Johnson ; mais les conclusions sont courtes, claires et désolantes. Les voici textuellement :

1 -   Le pin de première qualité a presque entièrement disparu.

2 -   Il reste une quantité considérable de pin de qualité inférieure.

3 -   Il reste beaucoup de bois d'autres essences.

4 -   Le moment approche rapidement où, si l'on excepte l'épinette, pour ce qui est du bois, et la Colombie-Britannique parmi les provinces, le Canada cessera d'être un pays exportateur de bois.

Telle est la situation officiellement constatée en 1894. Ce rapport a eu pour résultat l'établissement d'un service de garde-forestier, ce qui est déjà quelque chose, mais pas assez puisqu'on n'a pas encore reconnu la nécessité d'un régime forestier essentiel, dit M. G. Huffel, « par la difficulté, toute particulière aux forêts, de distinguer le capital, qui doit rester intact, du revenu qui doit être livré à la jouissance du présent. Cette distinction, aussi délicate qu'indispensable, ne peut être faite que par des hommes intéressés et compétents ». Une société des industries forestières serait en mesure de fournir au pays de tels hommes.

Depuis cette époque la situation s'est modifiée, puisqu'on a découvert, grâce aux études d'un savant allemand, la valeur immense de l'épinette. M. Johnson a lui-même signalé ce changement dans un rapport subséquent. Nous avons causé avec lui à ce sujet et il nous a fait remarquer combien il serait facile et avantageux d'exploiter l'épinette au moyen de la coupe réglée. La chose se fait déjà par des compagnies d'exploitation opérant dans nos forêts et dirigées par des Européens. Les directeurs de ces exploitations ont déclaré à M. Johnson, ainsi qu'à l'auteur, que leurs concessions de coupe seront pour eux une source perpétuelle de revenu. C'est là, malheureusement, une exception. Au point de vue économique de la réaction contre les inutiles sacrifices, la situation générale reste la même. Nous sommes toujours, en tant que nation, menacés des conséquences ruineuses des anciennes méthodes ; comme l'humus de nos coteaux qui se dénudent, nous nous laissons avec insouciance emporter par le courant.

Il n'y a pas à se le dissimuler, le moment est venu où le peuple du Canada, et plus particulièrement celui de la province de Québec, est appelé à prendre de sérieuses déterminations.

Sa position n'est pas sans analogie avec celle du peuple de la Grande-Bretagne à la veille de l'abolition des « Corn-Laws ». Cette réforme qui a exercé une influence si puissante sur la destinée des peuples Anglo-Saxons, battait en brèche un système traditionnel. On demandait aux pouvoirs publics d'adopter un principe fondamental de gouvernement comportant une orientation toute nouvelle de la politique économique et fiscale du royaume. Chose grave, difficile, impossible même en apparence. Cependant cette chose impossible est devenue une réalité vivante qui a contribué à faire de l'empire britannique le plus puissant des empires.

C'est d'un changement aussi radical que dépend l'avenir industriel du Canada oriental. Mais personne ne doit s'en effrayer, car, dans la pensée de ceux qui partagent cette manière de voir, ce changement n'aurait rien de révolutionnaire. Il s'agit d'une évolution saine et aussi graduelle que le veut la prudence, évolution qui ne toucherait en rien aux droits acquis, qui n'entraînerait même pas nécessairement des règlements commerciaux prohibant directement l'exportation du bois de commerce et du bois d'œuvre. Le succès, suivant nous, doit dépendre d'autres causes plus puissantes. On a donc eu tort de citer, comme à l'encontre de notre raisonnement, les arguments de M. Dubuc dont la récente brochure a été fort commentée par les journaux. La thèse que soutient cet écrivain, qui est en même temps le secrétaire d'une compagnie industrielle, c'est qu'il ne faut pas prohiber l'exportation du bois de pulpe, parce que :

Errol Bouchette

1 -   La forêt d'épinette se renouvelle en vingt-cinq, trente ou au plus cinquante ans.

2 -   La richesse forestière est périssable ; elle peut être détruite par le feu ou par les insectes.

3 -   Des changements économiques peuvent annuler la valeur de nos forêts.

L'on pourrait, sans doute, invoquer certaines considérations à l'encontre de ces trois propositions :

1 - Que les forêts ne se renouvelleront que si on a recours à la coupe réglée, ce que le régime actuel rend très difficile.

2 - Que la surveillance et la culture diminuent les dangers de la destruction, mais qu'il faut que le peuple tout entier y soit intelligemment intéressé pour que l'on puisse surveiller et cultiver la forêt.

3 - Qu'il n'est pas probable qu'un changement industriel quelconque puisse jamais sérieusement diminuer la valeur économique et commerciale du bois. Au contraire, comme il est admis par les savants que le développement industriel du monde n'est qu'à son début, il est plus probable que cette matière première de tant d'industries deviendra plus précieuse avec les années. Cependant, même si ces propositions restaient debout et intactes, elles ne diminueraient en rien la force de notre raisonnement, lequel repose sur des bases tout autres, comme le lecteur a pu déjà le constater.

Mais, lorsque nous examinons les conclusions qui semblent découler naturellement du plaidoyer de M. Dubuc, il faut mettre de côté les réserves. De ce que notre domaine forestier soit périssable et qu'il faille de grands soins pour le conserver, il ne s'ensuit nullement que nous devions le sacrifier au plus vite et compléter à brève échéance un désastre national, afin de nous débarrasser des soucis que nous cause notre richesse. Ce serait là le comble de la déraison. La saine raison ne veut-elle pas que, dans de telles circonstances, le Canada oriental et plus particulièrement la province de Québec, adopte, aussi rapidement que possible, une vraie politique industrielle, scientifique, énergique et progressive, qui assurera et la permanence de notre richesse forestière et son exploitation intelligente pour le plus grand bien de tous les Canadiens ?

Ces conclusions sont tellement logiques que nous osons dire que personne ne réussira jamais à les réfuter. Elles s'imposent. Nous devons nous montrer aussi sages et aussi courageux que se montre le peuple anglais, et ne pas craindre de changer l'orientation générale de notre politique forestière industrielle. C'est là la véritable voie où il faut faire entrer le peuple. Les pouvoirs publics peuvent y aider puissamment en lui ouvrant en haut les portes du développement industriel, tandis que la science sociale et l'instruction industrielle pénétrant dans ses masses profondes feront tourner tous les yeux vers cette terre promise de l'avenir.

Osons dire toute notre pensée. Nous croyons qu'il serait sage de promulguer des lois fondamentales avant même que ce travail préparatoire soit terminé. Dans la grande majorité des cas, la civilisation et les mœurs devancent la loi, mais l'on peut citer des exemples du contraire et le plus éclatant se trouve dans l'Écriture même. L'histoire des Hébreux nous enseigne qu'un devoir sacré s'impose aux conducteurs des peuples lorsqu'ils se trouvent en présence d'une de ces questions exceptionnelles dont peut dépendre la force et la vie même de la nation dont la Providence leur a confié la direction.

Ces raisonnements ne viennent pas de nous. En une matière aussi grave nous préférons nous appuyer à chaque pas sur une autorité dont tout le monde admettra la valeur. C'est ainsi que nous avons cité M. Paul Leroy-Beaulieu, MM. Ernest Brunken, Mélard et Huffel, lorsqu'il s'est agi de poser les principes généraux, et M. George Johnson pour montrer l'état actuel de nos forêts, en tenant compte des changements survenus depuis son rapport. Un savant canadien va nous indiquer les remèdes pratiques et urgents qu'il importe d'appliquer. Voici comment s'exprimait récemment Mgr Laflamme, dans un journal de Montréal. Son langage clair, simple et modéré, joint à la grande autorité dont il jouit, donne à cette pièce une très haute importance.

« La Providence, dit le regretté Mgr Laflamme, a donné à la province de Québec deux grandes sources naturelles de richesse : l'agriculture et l'exploitation des forêts. Comment devons-nous en user ? »

« La réponse vient d'elle-même. En effet, il ne s'agit pas ici de mines, où l'intérêt consiste à produire le plus possible et dans le moins de temps possible, les dépôts devant nécessairement s'épuiser un jour, sans espoir de régénération. Et, dans ces conditions, du moment que le marché n'est pas exposé à de trop fortes fluctuations, l'intérêt de l'exploiteur, comme l'intérêt public, est de faire produire au capital placé un rendement aussi rapide que faire se peut, afin de le consacrer ensuite à autre chose. »

« Mais il en est autrement de l'agriculture et des forêts. Si on leur demande un rendement excessif, on l'aura peut-être, mais ce sera au risque d'un épuisement à peu près irréparable. Et ces deux grands facteurs de la fortune publique disparaîtront ou seront très gravement compromis. »

« L'intérêt général demande, exige donc une utilisation rationnelle de ces richesses. À tout prix, il faut en assurer la perpétuité. Et, pour nous borner exclusivement à la très importante question des forêts, notre province doit tenir, envers et contre tous, à les conserver dans toute leur intégrité, partout où les intérêts bien compris de la colonisation et de l'agriculture n'en demandent pas la disparition. »

« Est-ce à dire que nous devions ne pas en permettre l'exploitation, ne plus vendre aux marchands de bois ce que nous appelons les « limites » forestières et révoquer les ventes qui ont déjà été faites ? Pas le moins du monde. Il y a, de ce côté, une source abondante de revenus que nous aurions bien tort de ne pas utiliser. Continuons donc, si nous voulons, à vendre des « limites » ; mettons-y seulement une grande discrétion. Traitons cette vente comme une question d'affaires. Et, comme on le fait dans tout marché bien entendu, imposons à l'acheteur des conditions qui garantissent cette richesse nationale contre tout danger de destruction, contre tout gaspillage. »

« La valeur des produits forestiers augmente d'un jour à l'autre. Tout dernièrement, un journal américain disait que, clans vingt-cinq ans cette augmentation atteindra cinquante pour cent de la valeur actuelle. Alors, sachons exiger des acheteurs une rente foncière qui s'accroisse en proportion de la valeur du profit qu'ils retirent. Forçons-les à exploiter, dans un laps de temps raisonnable, la propriété qu'ils ont acquise, et sachons ainsi les empêcher d'immobiliser, dans un but de spéculation privée, des valeurs qui, en fin

152

de compte, font partie du domaine public. »

« Avant de vendre, que les autorités se renseignent consciencieusement sur les « limites » qu'elles mettent en vente. Qu'elles sachent la quantité, la qualité des bois qui la recouvrent, et, pour cela, qu'elles en fassent faire l'exploration par des hommes entendus, indépendants de toute influence et de toute coterie. »

« Puis, un fois la « limite » vendue, on devra surveiller de très près l'explication qui en est faite. Les règlements du département des Terres devraient être suivis à la lettre, à propos de la dimension des arbres à abattre. Il y aurait lieu de les compléter en obligeant les bûcherons à ne pas briser, dans l'abattage des arbres, les tiges encore jeunes, et à ne pas en retarder la croissance. C'est l'avenir de la forêt qui est en jeu. Pourquoi encore ne pas exiger que l'on coupe les menues branches, que l'on dépèce les têtes, de façon que tous ces déchets reposent immédiatement sur le sol où ils auront bientôt fait de pourrir. Actuellement, d'après ce que l'on dit, rien de tel ne se pratique. On laisse têtes et branches comme elles se sont trouvées à la chute de l'arbre ; le tout se dessèche, et, après un an ou deux, une « limite » exploitée de cette façon est idéalement préparée à devenir la proie d'un incendie désastreux, qui aura été allumé par l'imprudence d'un passant ou le feu du ciel. »

« Tout cela demande de la surveillance, et cette surveillance ne peut être exercée que par des gens bien au fait, capables d'y consacrer tout le temps nécessaire. »

« Cela relève, dit-on, des gardes forestiers. Très bien, mais alors ayons des employés qui soient absolument compétents, et, pour cela, payons-les convenablement, afin qu'ils trouvent dans leurs professions ou métiers, le moyen de vivre honnêtement, sans être exposés à se laisser influencer par les pots-de-vin des marchands intéressés ».

« Et ces gardes forestiers, on ne peut les improviser. Parce que M. A. ou M. B. est rouge ou bleu, ce n'est pas une raison pour lui confier des intérêts publics aussi importants. Sachons regarder plus haut que ces mesquines partisanneries. Nos gardes forestiers devraient être en dehors de tout parti politique, tout comme le Conseil de l'Instruction Publique. Enfin, si ces employés doivent être instruits - ce dont personne ne doute - sur tous les points qui

Errol Bouchette

regardent l'accomplissement de leurs fonctions, instruisons-les en fondant une école forestière. »

« On parle beaucoup à l'heure actuelle d'écoles techniques ; on voudrait en voir surgir à droite et à gauche. Assez souvent, ceux qui crient le plus fort restent tout interloqués lorsqu'on leur demande quelle espèce d'école ils veulent avoir, car il y en a plusieurs sortes. Ces institutions, quel que soit leur but, sont assez coûteuses, et s'il fallait en créer pour chaque industrie, pour chaque métier, le budget provincial en serait lourdement taxé. »

« Eh bien ! parmi toutes ces écoles, celle qui presse le plus et d'un grand bout, c'est une école forestière - une école où l'on enseignerait la technologie de nos forêts puisqu'on semble tant tenir à l'expression. On y étudierait comment nos arbres poussent et se multiplient, à quel âge les différentes essences atteignent leur maturité, quelles sont les maladies qui peuvent leur faire tort, quelle en est la valeur commerciale, en quels endroits de la province chacune d'elles est localisée, quelle en est la quantité, etc... »

« Ces connaissances une fois acquises, on pourra faire des règlements qu'on ne sera pas obligé de modifier tous les deux ou trois ans. On commencera à voir clair dans cette souverainement importante question de nos bois, ou, si l'on aime mieux, on y verra plus clair. »

« Sans doute, nous ne pouvons pas songer à faire ici tout ce qui se fait ailleurs, en Europe, par exemple. Les conditions différentes où nous trouvons devront amener des modifications dans la manière de traiter nos forêts. Mais il serait bon tout de même de commencer par connaître ce qui se pratique dans les autres pays civilisés au sujet de l'exploitation des forêts. On trouvera que partout cette industrie est sévèrement réglementée, que rien n'est laissé au caprice ou à la rapacité des exploiteurs, sur lesquels, d'ailleurs, les employés du service forestier ont constamment les yeux. Cette enquête nous mettra en mesure d'étudier plus méthodiquement nos propres forêts et d'en assurer une exploitation rémunératrice, je le veux bien, mais surtout scientifique, qui en assurera la perpétuité, et ce sera énorme. »

« Tout cela, certes, n'est pas l'œuvre d'un an ou deux ; les bois croissent lentement, le régime des forêts ne se modifie qu'à la longue. Il faudra savoir attendre. De plus, les nouveaux règlements feront peut-être crier 'bien fort les intéressés, eux qui pensent plus volontiers au présent qu'à l'avenir. Il n'y aura qu'une chose à faire : laisser crier et s'avancer lentement mais sûrement vers le but qu'on se sera proposé. Dans ces conditions, nous serons certains d'avoir travaille efficacement pour le bien public et d'avoir assuré pour toujours une des grandes ressources de notre richesse nationale. »

Personne ne peut douter que Mgr Laflamme n'exprime ici l'opinion de toute la portion saine et modérée de la province de Québec. Cette opinion, qui s'affermit et se recrute tous les jours, demande qu'on proclame en principe et qu'on accepte comme base de toute l'administration forestière la permanence de la forêt et de tout ce qui tient de la forêt. Il faut qu'elle reste intacte quant à son étendue, sauf pour ce qui est des défrichements légitimes faits par les colons de bonne foi ; intacte surtout quant à sa valeur économique, commerciale et industrielle.

L'opinion demande qu'on cesse de concéder les coupes de bois et les chutes d'eau aux conditions actuelles ; que les coupes et les forces motrices naturelles concédées à l'avenir, le soient à charge de la coupe réglée, d'une culture et d'une exploitation qui assureront le maintien intégral de l'étendue territoriale en forêt et de la valeur économique en essences ; que toute concession forestière ou hydraulique consentie par les pouvoirs publics, le soit pour un temps fixe et limité, par bail emphythéotique qui deviendra nul de plein droit dès que le locateur négligera d'en accomplir les conditions.

Et l'on aurait raison de demander cela quand même il serait vrai que la forêt fût inépuisable, ou qu'il en restât encore, comme l'affirme M. Alex. Girard, de quoi fournir au gouvernement « un revenu en droits de coupe de $4,214,594 par année pendant cent ans, pour la première coupe seulement, » ce qui est fantaisiste. Car, encore une fois, de ce que notre forêt fut inépuisable, il ne s'en suivrait jamais que nous ne devrions pas l'utiliser au profit des Canadiens. Emparons-nous de l'industrie ! voilà la thèse que nous soutenons dans ces études, et nous ne devons pas nous en écarter.

L'Ontario est déjà entrée dans la voie de ces réformes, qui sont, en effet, la base nécessaire de toute bonne politique forestière et industrielle dans notre pays. Cette province procède peut-être un peu lentement. Elle désire sans doute laisser à l'opinion le temps de s'affirmer. Ses hommes publics, comme les nôtres, savent bien que de tels changements, loin de diminuer les revenus des gouvernements provinciaux, les augmenteront au contraire énormément, à la longue, pourvu qu'on ait soin de s'occuper attentivement et systématiquement du développement des vraies industries forestières. Mais bien que rassurés pour ce qui est des revenus à venir, on semble craindre de part et d'autre que les revenus présents soient dangereusement affectés par un changement trop brusque dans la politique forestière.

Tout en ne partageant pas cette opinion, tout en croyant sincèrement que les réformes que nous exposons ici, loin de diminuer les revenus immédiats de la province, les augmenteraient au contraire considérablement, nous devons la respecter. Ne demandons donc pas que l'on change de système du jour au lendemain. Qu'on procède lentement et avec circonspection, qu'on étudie un projet de réforme, qu'on l'applique graduellement et d'abord sur un espace restreint du territoire. Nous ne demandons pas autre chose pour agir sur l'opinion.

« Il importe de noter, dit M. de Lanessan, un ancien membre du cabinet français, que l'évolution de l'opinion individuelle est toujours en avance sur celle de la morale sociale gouvernementale ». Il est très vrai, sauf les grandes exceptions que nous avons signalées plus haut, que les gouvernements ne peuvent entreprendre d'importantes réformes que lorsque l'opinion publique les y pousse ; mais tous les hommes éclairés peuvent aider à former l'opinion ; mais les pouvoirs publics ne demandent certes pas mieux que de voir se produire une saine orientation de cette opinion. Et tout le monde sait bien que lorsque le public a vraiment accepté en principe quelque réforme importante, nulle difficulté administrative ne peut en empêcher la réalisation. ».

Depuis que cette étude a paru dans la *Revue Canadienne,* il s'est déjà produit des changements favorables. Le gouvernement d'Ontario a confié les forces hydrauliques à une commission dont le devoir est de les protéger et de distribuer l'énergie électrique qu'elles produisent aux municipalités qui lui en font la demande. Le gouvernement de Québec a, cette année (1906), loué les chutes d'eau à bail emphytéotique, au lieu de les vendre. Il a de plus établi une vaste réserve forestière dans le nord. Cela, à notre avis, n'est pas encore assez, mais c'est un progrès énorme qui doit réjouir tous ceux qui s'intéressent à l'avenir. C'est une preuve non seulement du bon vouloir des autorités, mais aussi d'un mouvement sérieux de l'opinion publique dans la bonne direction.

Que tous les cœurs patriotiques s'appliquent donc à former l'opinion. Le jour où cette opinion sera née, l'expérience que nous esquissons dans ces études n'offrira absolument aucune difficulté pratique. Et si, au bout d'une décade, l'on constatait qu'elle n'avait pas réussi, rien n'empêcherait que, de consentement unanime, on l'abandonnât.

Cette éventualité n'est pas à craindre. Qu'on vienne donc aujourd'hui proposer aux cultivateurs du Canada oriental de renoncer à l'industrie laitière ! Après dix ans du système réformé que nous proposons, il serait tout aussi impossible d'induire la population à renoncer à l'industrie forestière. Après vingt ans la face du pays serait changée, la province de Québec contiendrait dix millions d'âmes et ses exportations dépasseraient de beaucoup le chiffre actuel de toutes les exportations canadiennes. La réserve forestière du monde serait en exploitation scientifique. Il est évident que les revenus provinciaux auraient augmenté dans les mêmes proportions d'une façon permanente et sans aucun sacrifice du domaine public.

Quoique nous fassions, du reste, les capitaux industriels viendront bientôt se déverser sur notre pays. Leur effet sur notre avenir dépendra en partie de leur provenance. Ceux qui nous viendront des États-Unis s'accommoderont assez facilement du désordre économique actuel, lequel ressemble à la condition où se trouvait leur propre pays à l'époque peu éloignée où l'on disait, dans la grande république, comme nous disons maintenant ici : la forêt est inépuisable ! Ces capitaux seront moins puissants, comme chiffre, que le seraient les capitaux européens ; ils les exclueraient néanmoins, si nous leur donnions carte blanche, parce que, étant moins stables et moins conservateurs, ils établiraient la fabrication intensive, rechercheraient les profits invraisemblables, cueilleraient rapidement ce que nous avons de meilleur ; puis, dans quelques années, ils s'en iraient en ne nous laissant que des ruines.

Errol Bouchette

Ce serait la répétition, sur une plus grande échelle, de la ruine des pays antiques, la répétition de ce qui s'est passé aux États-Unis, mais avec des conséquences infiniment plus désastreuses, puisque nos forêts sont notre tout, tandis que les États-Unis ont d'autres ressources et un climat qui ne dépend pas aussi absolument de la permanence de la forêt. Nous ne pourrions jamais leur imposer des taxes ni les forcer à l'observance des lois, car le caractère particulier de ceux qui manient ce capital est la domination quasi brutale. De sages lois faites maintenant lui rendront l'accès difficile. Il est important pour l'avenir que nous les inscrivions sans retard sur nos statuts et que nous les mettions rigoureusement en vigueur.

Ces mêmes lois décourageront beaucoup moins le capital anglais et européen, accoutumé à opérer dans un milieu mieux ordonné. Des lois protégeant la forêt, loin de repousser ce capital, l'attireraient, au contraire. Il y trouverait la garantie de permanence qu'il recherche ; il s'établirait au Canada, et seconderait puissamment l'effort des autorités. Il ne viendrait pas non plus, comme le capital américain, par bribes isolées. Il s'implanterait en masses imposantes, ou il ne viendrait pas du tout. Il est bien connu, en effet, que le capital belge et français se prodigue par centaines de millions, là où quelques millions isolés ne se risqueraient pas. C'est ce qui fait sa force. C'est pour cela qu'on le trouve dans toutes les parties du monde, notamment en Russie, en Chine, au Congo. Il ne s'isole pas, il se groupe et il s'organise. Cette observation n'est pas de nous. Elle résulte de nos conversations avec une foule d'Européens éminents qui tous tiennent le même langage.

Ce qu'il vous faut, nous disent-ils, ce ne sont pas tant des immigrants agricoles, bien que cette classe d'hommes soit toujours très utile, ce sont surtout des capitaux entre les mains d'industriels savants et expérimentés, qui créeront dans votre pays une classe dirigeante industrielle.

Nous ne sommes pas hostiles à l'entrée du capital étranger dans notre pays ; et, aux conditions que nous venons de définir, nous croyons même qu'il serait sage de faire des efforts pour l'attirer. N'oublions pas cependant que cette ressource ne dépend pas de nous et qu'en dernière analyse nous ne devons compter que sur nous-mêmes. Aussi croyons-nous pouvoir démontrer qu'il nous est très possible d'atteindre le développement industriel sans aucun secours étranger. C'est à cette oeuvre que devrait travailler une société des industries forestières. Au chapitre prochain, nous examinerons plus en détail quel pourrait être son mode de fonctionnement.

Chapitre 12 : Organisation des industries forestières

Rôle essentiel d'une société des industries forestières - Son action dans le pays et à l'étranger - Formation de syndicats de colons - Établissement de grandes fabriques -Perfectionnement du système de crédit industriel - Effets presque certains d'une telle organisation.

L'œuvre d'une société des industries forestières doit reposer sur l'instruction industrielle du peuple, chose qu'il ne faut pas confondre avec l'instruction technique, sur l'exploitation scientifique des forêts et sur le prêt ou plutôt le crédit industriel. Les études précédentes ont touché brièvement aux deux premiers points. Pour rester fidèle au canevas que nous avons adopté, celle-ci devrait traiter du crédit industriel, c'est-à-dire de cette organisation financière absolument indispensable au succès d'une politique industrielle, même dans les pays où les capitaux disponibles sont plus abondants qu'ils ne le sont ici. Nous n'y consacrerons cependant que quelques pages, non pas faute de matériaux, mais parce que nous ne nous sentons pas de force à traiter ce sujet à fond, comme pourrait le faire un spécialiste en la matière.

Nous avons dit qu'une bonne organisation du crédit industriel est indispensable. S'il était besoin de prouver que c'est là le mot dont il faut se servir, l'histoire nous offrirait en abondance des exemples et des arguments. Même au Moyen-âge, qu'on prétend avoir été si barbare, la banque était déjà l'auxiliaire obligé du fabricant.

L'idée d'une caisse nationale prit naissance en Angleterre vers 1651, au moment où le peuple anglais commençait à ressentir le besoin d'un plus ample développement économique. On voulut alors encourager de toutes les façons la manufacture et le commerce du drap. L'un des principaux intéressés était un certain sir Balthazar Gerbier. Il était de l'école de ces négociants de Londres dont l'histoire a immortalisé le patriotisme assez machiavélique.

Errol Bouchette

Quelques années auparavant, ceux-ci avaient induit les banquiers génois à manquer de parole envers le roi d'Espagne, ce qui retarda de plus d'une année le départ de l'Armada dite invincible et sauva probablement l'Angleterre d'une seconde conquête. Gerbier proposa à son gouvernement l'exemple de la France, qui, à cette époque, fournissait de drap la moitié de l'Europe et dont les principales filatures se groupaient autour de Sedan. Et, afin d'imprimer une plus grande activité à la fabrication anglaise qui languissait, il émit l'idée de la création d'une banque de paiements dans la cité de Londres. La banque fut établie, et à partir de cette époque l'industrie anglaise se développa rapidement, au détriment graduel de celle de la Flandre et des autres parties de la France manufacturière.

Ce résultat, qui contient pour nous un précieux enseignement, s'explique en partie par la supériorité manifeste de la jeune banque d'Angleterre sur les autres institutions de crédit existant à cette époque, tant en France qu'en Italie, en Suède et en Hollande, dont la fondation était plus ancienne mais le système moins parfait. Celles-ci cependant, chacune en son temps, furent pour les pays où elles prirent naissance une source puissante de prospérité commerciale et industrielle ; chacune successivement fut la manifestation d'un progrès qui s'est continué depuis et se continue encore.

Aujourd'hui, tous les pays du monde ont leur système de banque et de crédit de plus en plus perfectionné. Sous ce rapport, le Canada est loin de tenir le dernier rang : malheureusement, au point de vue particulier qui nous occupe, on ne peut non plus lui accorder le premier. Pour le crédit industriel, il semble que ce soit encore sur l'Allemagne qu'il faille nous orienter. Le système de caisses allemandes est, en effet, admirable ; s'il faut en juger par ses fruits, c'est le plus parfait qui existe. Favorisées de toute manière par la loi et par les pouvoirs publics, ces caisses ont fait la prospérité économique de ce pays. En Allemagne, la banque offre aujourd'hui au négociant et à l'industriel une aide qui ne lui fait jamais défaut ; elle lui ouvre la voie, le soutient et l'accompagne jusqu'à la fin de sa carrière. Elle commande les grandes entreprises, mais elle se met aussi à la portée des petites et même des individus, sans autres ressources que leur connaissance et leur intégrité. Elle fait des avances pour la fondation d'usines et d'exploitations industrielles et commerciales ; pour les missions, les recherches et les études ; elle coopère à la formation des fonds d'exploitation ; et, lorsque le capital se trouve entraîné au loin, souvent elle le suit au moyen de ses succursales, pour le surveiller et le soutenir.

Aussi l'Allemagne a-t-elle devancé la France et presque rattrapé l'Angleterre en matière d'activité industrielle, bien que les produits anglais et français aient conservé toute leur supériorité sur ceux des autres pays. C'est que le système suranné du crédit, surtout en France, reposait sur la méfiance, tandis qu'en Allemagne on a adopté celui de la confiance. La différence est fondamentale, nous allons le constater en examinant le fonctionnement des caisses populaires coopératives.

La plupart des rouages d'un système financier national ne peuvent manquer de se constituer à la longue, par l'initiative individuelle, dans tout pays où le besoin s'en fait sentir. C'est ce qui est arrivé en Allemagne, il y a plus de cinquante ans. Un avocat, Schulze-Delitzsch, se mit à la recherche d'un moyen de mettre le commerce, c'est-à-dire la fortune, à la portée de toutes les bonnes volontés. Il trouva le principe de la mutualité, ce qui donna lieu à l'établissement des caisses populaires coopératives. Celles-ci prirent une extension énorme en Italie, où elles sont venues au secours de l'État et des grandes institutions de crédit, lors d'une crise qui s'est produite il y a peu d'années. En Allemagne, en *1903,* leur capital collectif était de *750,000,000* de mares et leur chiffre d'affaires dépassait deux milliards. C'est à ces caisses que l'Allemagne est en grande partie redevable de son énorme développement économique. Dans la province de Québec, il se produit depuis une dizaine d'années un phénomène analogue. La caisse populaire de Lévis, fondée en *1900* par M. Alphonse Desjardins avec un capital initial d'environ *$900,* en est arrivé dans onze ans à un capital de *$182,266* et à un chiffre total d'affaires de *$1,482,831* et pas un seul sou de perte, bien que les prêts, au nombre de plus de *5,600,* aient atteint un total de *$955,723.* Ce n'est pas tout. Le succès de la caisse de Lévis a porté d'autres municipalités à réclamer ses services et il existe maintenant dans la province de Québec 102 caisses coopératives au capital de *$420,000.* Les employés publics d'Ottawa furent de ceux qui fondèrent une de ces caisses ; elle ne fonctionne pas conformément à la loi de la province, car la législature d'Ontario

Errol Bouchette

refuse de reconnaître ces institutions. Cependant, malgré ces difficultés, elle s'est constituée un capital de $10,800 et ses prêts se sont élevés en tout à $16,500. Les employés, en assez grand nombre, se trouvaient entre les mains d'usuriers, car si les employés supérieurs du gouvernement sont assez bien rétribués, il existe une foule de petits employés qui ont peine à nourrir leur famille avec une pitance de $800 à $1,000. La caisse coopérative du service civil a littéralement chassé les usuriers de la ville d'Ottawa. Avec le temps, le capital de cette caisse augmentera et il lui sera possible de rendre à ses membres des services encore plus précieux. Depuis sa fondation cette caisse n'a pas perdu un seul sou ; tous les prêts ont été fidèlement remboursés. La caisse de Lévis est dans le même cas et on nous informe que le résultat est général pour toutes les caisses populaires établies grâce à l'initiative de M. Desjardins. Telles sont les merveilles de l'épargne, c'est ainsi que s'accumule et se canalise la richesse d'un pays.

Les caisses populaires dans la province de Québec semblent destinées à changer la face de la province au point de vue économique. Il n'existe pas encore cependant de rouage permettant de recueillir et de centraliser ces capitaux pour des fins industrielles et commerciales. En Allemagne on a compris l'importance d'une institution de ce genre et, nonobstant une forte opposition, on a fondé la « Caisse Centrale Prussienne »dont la fonction est de recueillir et de conserver ces capitaux sous la garantie de l'État. En l'établissant le gouvernement avait, il est vrai, un but intéressé, car ces capitaux accumulés constituaient naturellement un précieux appoint pour l'État prussien qui pouvait contracter des emprunts à la caisse centrale. Aujourd'hui, personne ne songe à critiquer la fondation de cette caisse. Son objet est « de venir en aide aux syndicats d'association par des prêts à intérêt. C'est une institution dirigée, surveillée et dotée par l'État d'un capital initial de cinq millions de mares, élevé successivement à cinquante millions ; elle est sous la dépendance du ministère des Finances, tout en gardant son autonomie ». L'intention de ses fondateurs fut de venir en aide à l'industrie ; intention qui s'est réalisée au delà de toutes les espérances. Les associations d'industriels qui profitent de ces prêts comptent environ 800,000 membres. L'intérêt exigé est de 3 p.c. sur environ 155 millions de mares prêtés en 1901.

Ces renseignements sont puisés pour la plupart dans un rapport présenté en 1903 à la fédération des industriels et commerçants français par M.F. de Ribes Christoffe et reproduit par M. Maurice Schwob dans son récent et très remarquable ouvrage : *Avant la bataille. Nous* les résumons ici pour prouver la nécessité d'un système scientifique de crédit industriel.

Le succès si extraordinaire des caisses allemandes devrait être pour nous une leçon inoubliable, car, nous l'avons dit, à l'époque de leur fondation, l'Allemagne n'était guère plus riche en capitaux, toute proportion gardée, que n'est aujourd'hui le Canada. Il y aurait beaucoup à dire à ce sujet et il serait important qu'on le dise à notre public. Cependant, nous évitons à dessein d'entrer dans trop de détails, parce que nous ne sentons pas de force à aborder sérieusement une question de cette importance, laquelle ne saurait être traitée avec autorité et fruit que par un financier de grande expérience.

Une société des industries forestières serait en situation de s'occuper de cette grave question ; elle saurait trouver des hommes et recommander les mesures nécessaires. Pareille réforme, si jamais elle s'accomplissait, ne menacerait en aucune façon nos institutions actuelles de crédit ni notre système de banque. Elle aurait au contraire pour effet de produire une coopération constante entre le commerçant, l'industriel et le banquier ; et tous trois en profiteraient largement, puisqu'ils se mettraient par là au niveau du progrès industriel et financier. En cette matière, il faut constamment aller de l'avant sous peine de rétrograder ; l'histoire économique du monde le prouve. Les grandes périodes de cette histoire ont été énoncées par M. Bücher, l'économiste allemand, et avec plus de clarté encore par M. Maurice Ansiaux, professeur à l'université libre de Bruxelles. Il ne sera pas inutile, pour l'intelligence du sujet, de les rappeler au lecteur.

La première période est celle de l'économie familiale. L'échange n'existe pas ; le producteur consomme lui-même le fruit de son travail. Cet état économique fut longtemps celui du Canada français. Nous souffrons encore beaucoup de l'habitude que nous en avons contractée.

La seconde période est celle de l'économie urbaine, pendant laquelle l'échange s'opère directement du producteur au consommateur ; la circulation des biens est à peu près inconnue. De celle-là aussi il reste encore de nombreuses traces parmi nous.

La troisième période est celle de l'économie nationale. Remarquons bien ce mot : économie nationale ; il n'est pas de nous, mais des économistes dont nous suivons la pensée. C'est la période où se trouvent aujourd'hui tous les grands peuples civilisés. Elle repose sur l'échange et sur la circulation des biens, rendus possibles par la facilité des moyens de transport. Le producteur ne travaille plus seulement pour ses voisins immédiats, ni même exclusivement pour le pays où il s'est établi. Son regard s'étend loin au delà de ses frontières, car son œuvre n'est pas simplement économique. Pour qu'il puisse remplir sa destinée, il faut que cette oeuvre soit mondiale et conquérante ; il lui faut conquérir sa place sur les marchés du monde ou succomber. Lutter victorieusement contre toute l'humanité en habileté et en science, produire plus, mieux et à meilleur compte que ses rivaux, voilà sa tâche. C'est donc une véritable guerre que soutient constamment la grande industrie. Aussi a-t-elle bientôt compris qu'il lui était nécessaire de s'organiser fortement dans chaque centre de grande production. Les pays qui ont compris cette vérité ont vu augmenter leur fortune et leur puissance ; ceux qui ne l'ont pas comprise subissent la loi du vainqueur. Ce n'est pas un état économique idéal, sans doute, mais c'est un fait.

Dans cette guerre industrielle comme dans la guerre à coups de canon, en dehors de l'organisation proprement dite, l'armée industrielle d'un pays peut occuper certaines positions avantageuses qui assurent la victoire à ceux qui savent en tirer un bon parti. C'est ainsi que l'Angleterre doit en partie sa prospérité industrielle à l'usage intelligent de la houille génératrice de la vapeur. Cet avantage, dont elle a su profiter, lui a permis de conquérir les marchés de l'univers. C'est là le grand exemple, mais si nous voulions étudier l'histoire des principales nations modernes, nous trouverions partout de nouvelles preuves de la vérité de cet avancé.

Tout cela étant acquis, nous comprendrons mieux la situation et le rôle de notre société des industries forestières. Elle aurait à remplir des devoirs d'un conseil de généraux au début d'une campagne. Son premier soin, - non pas par l'initiative de l'État, mais en profitant de son concours et de son appui - devrait être d'occuper et de rendre inexpugnables les positions économiques que la nature a mises à notre portée ; son second, d'organiser l'armée industrielle, de la préparer et de la diriger. Ceux qui n'entendent pas la chose ainsi ne comprendront pas la thèse que nous soutenons. Ils trouveront aussi qu'en affirmant l'absence presque complète de la grande industrie au Canada, nous tenons trop peu de compte de certaines activités industrielles que nous révèle la statistique, ainsi que de l'existence de quelques fabriques qui ont surgi ici et là sur notre territoire. Nous proclamons avec un orgueil légitime que, eu égard au chiffre de la population, le Canada est le pays du monde où le mouvement commercial est le plus considérable. Son commerce extérieur atteindra bientôt $900,000,000. Le ministre des finances constate que pendant les dix mois se terminant le 31 mars *1912,* les principales exportations se chiffraient comme suit : mines $41,000,000 ; pêcheries $17,000,000 ; produits de la forêt $40,000,000 ; animaux et leurs produits $48,000,000 ; agriculture $107,000,000 ; manufactures $35,000,000. Certes, ce sont là de beaux résultats, mais il est bien évident que les produits fabriqués de la forêt, qui devraient être, avec l'agriculture, notre principale industrie, tiennent relativement peu de place dans ce tableau. Quelques pionniers seuls nous montrent la voie. Leurs efforts isolés sont à la grande industrie organisée ce que serait une guerre de partisans à la grande guerre faite par des années régulières et bien disciplinées. C'est un instrument infiniment moins puissant et moins redoutable, avec lequel nous tenterions vainement de soutenir longtemps la lutte.

Il ne faut pas perdre de vue ces diverses considérations ; ce sont les seules qui nous poussent à écrire. Nous n'avons pas l'expérience pratique qui nous permettrait d'entrer dans les détails ; nous ne pouvons en somme que dire à nos compatriotes, comme jadis le philosophe grec : Cultivez vos champs, car ceux que vous laisserez en friche tomberont aux mains de l'ennemi. Ces réflexions nous feront aussi comprendre que le rôle d'une société des industries forestières serait plus difficile et plus compliqué que celui de la société d'industrie laitière, bien que le principe des deux associations doive être, dans notre pensée, le même.

Supposons donc le terrain déblayé et préparé par la promulgation de bonnes lois forestières fondamentales, par une éducation nationale soignée et par l'instruction industrielle popularisée. Toutes ces choses pourraient être menées de front et simultanément ; toutes produiraient en peu de temps des résultats utiles et donneraient un appui de plus en plus solide à l'œuvre de la Société, en faisant constamment appel aux forces vives de la nation et à l'effort de toutes les institutions nationales.

En même temps que tout cela se préparerait, la Société commencerait son œuvre par l'établissement d'une grande école théorique et pratique des industries forestières. Dans le but d'obtenir une diffusion plus prompte et plus complète des meilleures méthodes à suivre pour assurer la protection de la forêt et la production forestière, la fabrication des produits forestiers et en général l'avancement de l'industrie forestière, elle établirait dans un endroit favorable du domaine public une école d'industrie forestière [1] et une fabrique modèle. Avec le temps on pourrait établir plusieurs de ces institutions. Dans ces écoles on donnerait aux élèves une connaissance pratique de toutes les espèces d'exploitations forestières, dont un bureau de recherches industrielles, attaché à l'établissement, augmenterait sans cesse le nombre. On s'efforcerait aussi de perfectionner constamment les procédés et l'on créerait par ce moyen des foyers de développement industriel forestier. Au bout de peu d'années, les produits des fabriques exploitées par le personnel des écoles paieraient la plus grande part des dépenses de ces établissements.

Les membres de la Société des industries forestières se recruteraient dans toutes les professions, mais on y trouverait sans doute en grand nombre des industriels éclairés et patriotiques, soucieux du succès général de l'œuvre et dont l'autorité contribuerait à étendre son influence sur tout le territoire où elle opérerait. Pour comprendre quelle devrait être son oeuvre, il faut d'abord constater où nous en sommes au point de vue du développement des industries forestières.

Au chapitre précédent, nous avons dit quelques mots de l'état actuel de la forêt. Nous avons constaté, en le déplorant, combien peu le public s'intéresse à cette chose vitale. Voyons maintenant où en est l'exploitation. Pour plus de clarté, laissons de côté tous les produits de la forêt qui n'entrent pas dans la catégorie des vé-

1 Cette école existe aujourd'hui par l'initiative du gouvernement.

Chapitre 12 : Organisation des industries forestières

ritables industries forestières. Ainsi, en *1903*, le Canada a exporté pour *$41,000,000* de bois brut ou à demi fabriqué. C'est là exporter notre capital, notre matière première et nous appauvrir d'autant. Il n'entre pas dans notre projet de demander qu'on prohibe cette exportation ; nous voudrions seulement qu'on rende l'exportation du bois moins avantageuse que la fabrication dans le pays et l'exportation du produit fini, au moyen d'une politique industrielle bien conçue.

Pour avoir une idée du peu de fabrication forestière réelle qui se fait au Canada, il faut s'arrêter à l'industrie de la pâte de bois, qui est à la base de la vraie industrie forestière. En *1903*, le Canada tout entier ne comptait que trente-neuf moulins à pâte dont le produit total s'élevait à *215,619* tonnes, soit une moyenne de *7,067* tonnes par moulin. Sur la valeur totale de cette pâte, c'est-à-dire de cette matière première ainsi produite *($5,219,892)* on n'en a conservé que *$2,206,451* pour alimenter l'industrie canadienne. Tout le reste a été envoyé à l'étranger pour nous revenir sous diverses formes. En *1903*, en effet, le Canada importait pour *$2,210,364* de papier seulement, et l'importation de ces marchandises à base de bois, que nous pourrions pourtant produire nous-mêmes avec tant d'avantage, augmente d'année en année. Nous savons de plus que le Canada n'exporte pas seulement de la pâte ; il exportait, en *1903*, pour *$1,558,563* de bois à pâte aux États-Unis seulement. Comme c'est la province de Québec surtout qui produit et qui produira à l'avenir la pâte et le bois à pâte, il s'ensuit que c'est la population française qui s'appauvrit le plus en exportant -une matière première qu'elle pourrait fabriquer dans le pays. Pour se faire une idée de l'étendue de cette perte il ne suffit pas de savoir que le papier le plus grossier valait, en *1903*, à peu près *$46* la tonne, tandis que la pâte n'en valait guère plus de *$20*. Il ne suffit pas non plus de constater que le bois à pâte vaut beaucoup moins encore proportionnellement. Il faut encore calculer la perte économique qu'entraîne l'absence des industries forestières dont la pâte et le bois à pâte forment la matière première. Nous n'avons pas devant nous les données nécessaires pour en faire le calcul même approximatif, mais la perte annuelle est quelque chose d'incroyable. Il ne faut pas oublier non plus que l'exportateur des matières premières est presque toujours socialement inférieur à celui qui les fabrique et

Errol Bouchette

que cette sorte de déchéance sociale est plus fatale à un peuple que le serait un désastre militaire ou financier.

Ce n'est là qu'une seule des sources de richesse que nous gaspillons. Il faudrait être aveugle pour ne pas les voir de tous les côtés. Une des industries forestières les plus lucratives de l'avenir sera certainement celle de l'érable. Il est établi par des expériences que la sève d'érable se distille très bien, que l'on peut en extraire une boisson saine et délicieuse qui se vendrait. mieux que le rhum et dont nous aurions à peu près le monopole. Nos érablières sont en plein rapport, et le produit en sucre et en sirop s'exporte en grandes quantités aux États-Unis. Cependant, comme tout ce qui ne s'améliore pas par les procédés scientifiques, ce produit est un peu déprécié, et, si nous n'y prenons pas garde, bientôt les forêts d'érables seront rasées et le bois expédié en Angleterre. La statistique établit que, pour le moment, nos érablières diminuent peu et qu'il serait facile de trouver en elles la matière première d'une industrie vaste et vraiment nationale. Pour cette industrie spéciale, il serait nécessaire de modifier quelque peu les lois d'accise existantes et jusqu'à présent le ministère du Revenu n'a pas cru pouvoir le faire, surtout parce que ceux qui lui en faisaient la proposition ne jouissaient pas d'une autorité suffisante. Une société des industries forestières serait en mesure de faire des expériences sur une grande échelle ; elle pourrait négocier dans des conditions avantageuses et avec une entière responsabilité. Il ne faut pas oublier, en effet, qu'un service comme celui de l'accise ne saurait être facilement dérangé et que le ministre est souvent obligé d'éconduire des solliciteurs de bonne foi à cause de la multitude des tentatives frauduleuses qu'il est de son devoir de décourager.

Les industries dites ménagères ne peuvent pas être classées directement parmi les industries forestières. Cependant elles s'y rattachent de plusieurs manières, surtout à cause de leur caractère éminemment national et des perfectionnements qu'on peut y apporter par l'usage des machines électriques mues par les cours d'eau, qui sont du domaine de la forêt. L'importance sociale et économique de ces industries est immense. Elles assurent de l'emploi rémunérateur à tous les membres de nos nombreuses familles agricoles. Leurs produits sont encore fort estimés. Nous connaissons tous le prix et la qualité de ces étoffes de toile et de laine que chacun s'arrache. Voilà certes une source de richesse publique qu'il importe de ne point laisser se tarir. Et cependant la production semble être devenue si peu importante que le dernier recensement la néglige complètement. Voici le résumé de la statistique préparée par M. J.A. Doyon, pour la province de Québec :

| | 1841 | 1851 | 1861 | 1871 | 1881 | 1891 | 1901 | 1841 |
	vgs.	vgs.	vgs.	vgs.	vgs.	vgs.	vgs.	vgs.
Étoffe du pays		746,685	734,533	902,191	3,339,766	2,958,180	2,205,014	‑
Flanelle du pays		655,019	856,445	1,231,975	‑	‑	‑	‑
Toile du pays		857,623	929,043	1,021,443	1,559,410	1,130,301	568,359	‑

Ici cependant il faut nous entendre. De ce que le recensement ne tient pas compte de ces industries domestiques il ne faudrait pas conclure qu'elles ont complètement disparu. Dans bien des endroits, sans doute, on fabrique encore l'étoffe et la toile à la maison, et la statistique aurait dû le constater. Mais, dans la plupart des localités, cette industrie évolue et cette évolution indique un progrès. Dans plusieurs paroisses on a établi des fabriques considérables où les cultivateurs envoient leur laine. On la file et on la leur renvoie sous forme d'étoffes comme prix de fabrication. Dans d'autres fabriques, on achète la laine. Le produit est sans doute inférieur, quant à la solidité et à la durée, à la vraie production domestique, mais il est supérieur pour ce qui est de l'apparence et du fini. Il y a là des éléments importants à recueillir et à encourager. Du reste, nous le répétons, le travail à la maison, malgré certains inconvé-

Errol Bouchette

nients que la science signale, est devenu non seulement possible mais lucratif, au moyen des installations peu dispendieuses qui fonctionnent en France et qu'une société des industries forestières pourrait introduire ici. Ce serait surtout un puissant encouragement à la colonisation et une source de richesse pour le colon.

Ce sont ces pertes économiques constantes, que nous constatons de tous côtés, que notre Société se chargerait de diminuer sinon de faire cesser complètement. Tout en formant, au moyen de ses écoles, de bons contremaîtres et des entrepreneurs d'industrie, dont on faciliterait l'établissement et le groupement au moyen du crédit industriel, elle devrait rechercher dans la province où elle opère les endroits favorables à la fondation d'industries forestières.

Il faudrait, bien entendu, distinguer entre les régions favorables à l'agriculture et celles qui ne le sont pas. Dans ces dernières, le gouvernement pourrait concéder, pour une période déterminée, des coupes considérables et des forces hydrauliques, à des individus et à des compagnies industrielles, mais à la condition de la pratique de la coupe réglée et de l'inspection par des officiers soumis, comme le sont aujourd'hui les inspecteurs laitiers, à la direction de l'association forestière. On exigerait, naturellement, l'établissement d'une fabrique et l'on stipulerait la nullité absolue des concessions au cas d'inexécution des conditions du bail.

Dans les endroits jugés propres à l'agriculture, c'est-à-dire dans la grande majorité des cas, la manière de procéder serait différente. Là on ne concéderait pas de coupes de bois, au sens ordinaire de ce mot. Le devoir de la Société, appuyée par le gouvernement, serait de provoquer des groupements de colons sur les points avantageux, surtout aux endroits ou peuvent se trouver des chutes d'eau de puissance suffisante.

Les colons de chacun de ces groupements s'engageraient d'avance à pratiquer une exploitation forestière sur le plan suivant : chaque colon, après avoir accompli les conditions ordinaires d'établissement et de défrichement, recevrait un titre, disons à deux cents acres de terre au lieu de cent acres, dans les circonstances ordinaires, et dont il s'engagerait à tenir une portion déterminée en coupe réglée. C'est toujours le principe de la permanence de la forêt.

Les bois provenant de cette coupe, lesquels feraient partie de leur récolte annuelle, les colons s'engageraient à ne pas les vendre directement, mais à les porter à la fabrique qui serait établie dans leur voisinage et dont ils seraient les actionnaires. Cette fabrique, conduite par un homme entendu et soumise aussi à l'inspection, ne fabriquerait, la plupart du temps, que le bois à pâte et des produits secondaires. Ce ne serait, à proprement parler, dans bien des cas, qu'une scierie, dont les colons ainsi groupés seraient conjointement les propriétaires ou les patrons, pour une époque déterminée.

On pourrait limiter les baux, lorsqu'il s'agirait d'une chute d'eau, à trente, cinquante ou quatre-vingt-dix-neuf ans, comme on le jugerait à propos ; mais il faudrait que, dans un temps déterminé, la force hydraulique fît retour au domaine public ; après quoi le gouvernement serait libre de renouveler le bail aux conditions que dicterait l'intérêt général. Seules les terres agricoles doivent faire exception à cette règle, et encore à la condition immuable qu'une proportion déterminée de ces terres reste en forêt et en coupe réglée. Sans doute, la loi de ce chef devra avoir une certaine élasticité ; il faut prévoir les mutations et surtout les divisions de la propriété. L'essentiel, dans l'intérêt des individus comme du public, c'est que la permanence de la forêt et de la production forestière soit maintenue ; que l'industrie forestière soit active et une source de prospérité générale.

Au bout de quelques années et lorsque l'éducation populaire en la matière serait faite, cette loi maintenant la permanence de la forêt fonctionnerait partout d'elle-même, par la force de l'opinion, comme toutes les lois fondamentales du pays. On ne songerait pas plus à détruire ou à voler la forêt qu'à tuer ou voler les bestiaux et les moutons dans les champs.

La tâche de la société des industries forestières, très pénible au début, parce qu'il lui faudrait s'occuper d'une foule de détails élémentaires et lutter contre l'ignorance publique, deviendrait bientôt plus agréable. Elle resterait libre de s'occuper des autres branches du développement industriel et sa surveillance générale ne serait plus qu'une question d'administration régulière. Elle pourrait dès lors donner toute son attention à l'industrie proprement dite.

Errol Bouchette

Si une pareille méthode venait à se généraliser dans notre pays, les résultats en seraient certainement merveilleux. On comprend quel élan donnerait à la colonisation ce système de colons industriels propriétaires. Les terres publiques se peupleraient très rapidement ; chaque colon, en effet, trouverait, dès le début, la vie assurée et même une aisance relative. Il pourrait, l'été, s'occuper exclusivement de son travail agricole, étant assuré d'avance de trouver un marché pour ses produits forestiers et du crédit dont il pourra vivre en attendant la moisson. Les matières en partie fabriquées, il pourrait, si cela lui était avantageux, les exporter. Rien dans la loi ne l'empêcherait de le faire. Mais ici encore la Société interviendrait pour lui trouver, au Canada, des marchés plus avantageux, soit en surveillant les taux de transport sur les voies ferrées, lesquels, présentement, n'offrent aucun avantage à la fabrication domestique, soit par d'autres moyens qui seraient à sa disposition.

Cette matière première, produite en abondance et à des prix raisonnables et stables, par les syndicats de colons, serait donc dirigée vers les fabriques canadiennes qui trouveraient un grand avantage à n'avoir pas à s'occuper elles-mêmes de la coupe du bois. Le directeur d'une de nos plus grandes exploitations nous faisait précisément cette remarque, il y a peu de temps. Il se plaignait qu'il était obligé de concéder la coupe du bois à pâte à forfait, et que cela détériorait ses « limites ». L'industrie y trouverait donc aussi son compte. Elle pourrait se lancer dans des entreprises plus considérables, étant assurée d'une source intarissable de matière première. Tout, en effet, serait systématisé et régularisé.

La société des industries forestières, dans son effort pour écouler avantageusement les produits des syndicats agricoles de bois à pâte et d'autres matières premières, serait naturellement portée à donner une attention spéciale aux pulperies proprement dites et aux établissements de fabrication supérieure. Encouragées par cet immense avantage d'une matière première abondante et régulière et par les autres qu'on leur offrirait, et qui découleraient du système même, ces fabriques surgiraient probablement en grand nombre. Les unes proviendraient de l'initiative de capitalistes indépendants, les autres seraient les créations des élèves sortant des écoles d'industrie forestière et ayant accepté les avances des caisses de crédit industriel, ainsi que les conditions qui y seraient attachées.

Ces conditions n'auraient pour but que d'assurer l'excellence de la fabrication, la permanence de l'industrie, et aussi, naturellement, une garantie raisonnable pour les sommes avancées. Mais toutes profiteraient également des incessantes recherches de la Société des industries forestières, toutes bénéficieraient de la publicité et des avantages généraux que cette organisation donnerait à l'industrie entière. [1]

À côté de l'industrie forestière surgiraient bientôt une foule d'autres industries, particulièrement celle de la métallurgie électrique. Nous verrions de nouveau les chantiers de construction maritime prospérer sur les 'bords du Saint-Laurent. Grâce à elle, la marine commerciale canadienne, - sans parler des avantages qui en résulteraient pour la marine militaire - prendrait rang parmi les plus importantes du monde, et nos marins, les plus robustes et les plus hardis de l'univers, transporteraient sur nos vaisseaux, aux quatre coins du monde, les produits de notre industrie. Et ces produits seraient supérieurs aux autres produits du même genre fabriqués ailleurs, parce que nous aurions au Canada le monopole d'une matière première abondante et à bon marché, un système de production scientifique et économique, et, enfin, une population ouvrière d'élite combinant les qualités artistiques du génie français avec les qualités pratiques du génie anglo-saxon.

Le système d'organisation industrielle que nous venons ainsi d'esquisser offre l'avantage de ne rien déranger de ce qui existe actuellement et de ne léser aucun droit acquis. Personne ne pourrait s'en plaindre, ni le cultivateur, ni le colon, ni le commerçant de bois. La loi n'aurait pas d'effet rétroactif. Le colon, déjà établi au moment de sa promulgation, ne serait pas tenu à la coupe réglée sur son lot. S'il adoptait ce système par la suite, ce serait parce qu'il en aurait compris les avantages. De même, rien ne l'empêcherait de continuer à vendre son bois précieux aux Américains, si tel était son bon plaisir. Il cesserait graduellement de le faire, sans doute, mais ce serait pour la raison qu'il trouverait un meilleur marché à sa porte.

---

1 Il me semble presque oiseux de faire remarquer combien tout cela serait avantageux pour le trésor public. Le gouvernement, qui serait en partie le créateur de cette richesse, aurait acquis le droit de détourner un filet, bien mince relativement aux résultats généraux, mais immense dans la pratique, vers l'école, vers les chemins de colonisation, vers l'encouragement des arts, etc...

Errol Bouchette

De même, le commerçant continuerait de régner dans ses coupes de bois, diminuées cependant par les progrès rapides de la colonisation. Il ne faut pas oublier, en effet, que les groupements de colons pourraient se faire légalement sur les terres concédées pour la coupe, et que même l'enlèvement du bois d'œuvre par le commerçant, si celui-ci se conforme à la lettre de la loi, ne pourrait retarder que de quelques années la mise en coupe réglée des terres ainsi prises par des groupes de colons aux conditions nouvelles. Chaque année donc, le commerçant ferait, comme par le passé, sa dispendieuse récolte et paierait les droits de coupe au trésor public. Mais sur lui aussi, le nouveau système produirait bientôt un bienfaisant effet. Alors qu'il avait la certitude de pouvoir acquérir à vil prix, parce que le public n'en connaissait pas la valeur, des coupes de bois d'une étendue illimitée, il agissait en prodigue. Mais lorsqu'il s'apercevrait qu'il lui est désormais impossible d'obtenir de nouvelles concessions aux conditions anciennes, il commencerait à exploiter avec plus de précaution, il aurait plus soin de la forêt source de sa fortune, il prendrait la peine de l'entretenir quelque peu. Avec l'ingénuité qui naît de la nécessité, il suppléerait à la diminution de ses revenus par des économies dans l'exploitation, qu'il avait jusqu'alors jugées inutiles. Peu à peu il s'apercevrait qu'avec des soins sa propriété lui rapporte davantage et qu'à tout prendre sa situation s'est améliorée. Dans bien des cas, il se hâterait de profiter des avantages offerts par la Société des industries forestières ; il aurait la sagesse de ne pas vouloir s'isoler du mouvement général ; il deviendrait lui-même manufacturier.

Mais, même si le commerçant de bois se contentait de son ancienne exploitation, il cesserait bientôt d'être dangereux. Grâce au nouvel esprit qui présiderait à la mise en force de la loi qui le régit et par suite de la diminution rapide de ses concessions envahies par les syndicats de colons, son influence se trouverait très amoindrie.

S'il est vrai, comme nous le croyons, que le commerçant de bois, dans la province de Québec du moins, est économiquement parlant, un obstacle au progrès, ce n'est pas sur lui que doit en retomber la faute. Le commerçant ne s'est jamais piqué d'être patriote, il n'a pas prétendu travailler pour l'avenir. Il a acheté nos forêts puisque nous voulions bien les lui vendre, il les a revendues en détail le plus avantageusement possible pour lui-même. La marche des choses est seule responsable de la situation actuelle et il serait injuste d'en faire peser la responsabilité sur les hommes, les partis ou les institutions. Au moment où l'on a commencé à concéder des coupes de bois, personne ne pouvait prévoir l'importance que prendrait par la suite l'industrie forestière.

Ce n'est que récemment que l'opinion a commencé à s'émouvoir à ce sujet, dans nos anciennes provinces. Elle se trouve en présence d'un système depuis longtemps établi et qu'il est difficile de changer brusquement, et d'un groupe de privilégiés qui exercent naturellement une grande influence. C'est un état de choses malheureux, il est vrai, mais en somme normal et légal. Cette influence des commerçants de bois peut nous sembler regrettable au point de vue de la forêt et de la colonisation, mais on peut déjà en voir le terme. Aussi n'est-ce pas de ce côté que se trouve le plus grand danger. L'influence illégale qu'exercent les trusts aux États-Unis et qu'ils commencent à exercer ici, est bien autrement redoutable.

Nous savons tous que de l'autre côté de la frontière, ces grandes combinaisons de capital tiennent clans leurs mains les pouvoirs publics. Elles corrompent les fonctionnaires et réduisent le peuple en servage. Vingt-sept États et territoires dans la république des Etats-Unis ont promulgué des lois spéciales pour détruire les combinaisons industrielles existantes et pour en empêcher la formation de nouvelles. Quinze autres États y ont pourvu dans leur constitution même. Outre ces mesures spéciales dans chaque État, il y a les lois fédérales contre les trusts, le Sherman Act, 1890, la Interstate Commerce Law, 1887, et autres encore. Cela fait en tout une cinquantaine de lois promulguées aux États-Unis contre les trusts, les déclarant illégaux, infligeant des pénalités, etc ... Cela n'empêche pas ces organisations d'opérer en toute liberté, de commettre sans cesse de grandes injustices, de tyranniser le public enfin. Les trusts, en effet, se moquent de la loi ; ils passent outre sans difficulté, et les législateurs sont accommodants. Comment résister à de telles puissances ! Nous comprendrons combien cela est difficile en examinant ce qui se passe chez nous. Parcourez nos statuts et vous vous demanderez pourquoi l'on avise de demander des réformes en face de dispositions aussi sages et aussi justes. Ces sages et justes lois ont-elles jamais protégé efficacement la forêt et

Errol Bouchette

le colon ? Des lois de cette nature restent sans valeur si ceux qui doivent en profiter ne s'organisent pas aussi puissamment que ceux qui ont intérêt à les rendre inopératives. Pour protéger nos forêts et les ouvrir à l'exploitation nationale, pour protéger nos terres publiques et les ouvrir au colon, il nous faut donc une organisation plus puissante que le trust.

Mais si d'un côté le trust entrave les libertés publiques et individuelles, l'évolution économique dont il est la manifestation ne s'arrêtera pas, parce qu'elle est nécessaire. Nous l'avons vu dans une étude précédente, le trust, malgré ses griffes, est à tout prendre et au point de vue purement économique, un progrès ; c'est ce qui fait sa force. Il faut donc, pour lui résister, le combattre avec ses propres armes. Nous pourrons le faire en adoptant ce qui est vraiment bon et progressif dans le système du trust, c'est-à-dire sa puissante organisation industrielle, mais en écartant ce qui est dangereux. Or la combinaison industrielle qui nous paraît le plus propre à atteindre ce but serait celle qui aurait pour base une So-ciété des industries forestières telle que nous la convenons.

Qu'on ne s'imagine pas que nous voulons ici remplacer un mal par un mal plus grand, en supprimant parmi nous l'initiative individuelle et la concurrence. L'on verra par la suite que la mise en oeuvre de l'idée que nous développons ne nuirait en rien à la liberté individuelle des personnes et des sociétés qui feraient partie de l'organisation. Entendons-nous cependant. Il est vrai que les combinaisons industrielles, même les meilleures, ont un effet considérable sur la concurrence. Le trust s'efforce de la supprimer, le cartel la modifie et la régularise, ce qui est bien différent.

Il n'est pas prouvé que la concurrence intense et dépassant certaines limites est un bienfait pour l'industriel ou même pour le public. On pourrait même soutenir le contraire. La concurrence outrancière donne lieu à d'énormes gaspillages et à une déperdition considérable de la force productive. Elle augmente les frais de fabrication et de vente et fait, par conséquent, hausser les prix que paie le consommateur. Expliquons notre pensée par quelques faits. Dans le commerce de liqueurs, aux États-Unis, on a calculé qu'il se dépense $40,000,000 par année, en sus des frais de fabrication et des droits d'accise, pour mettre la marchandise sur le marché. Que dire des dépenses qu'entraîne la publicité ! Il est impossible d'insérer une annonce, page pleine, dans une magazine ou une revue pour moins de $200, et cependant l'on ne peut ouvrir une revue américaine ou anglaise sans y trouver ces annonces par centaines.

La fonction réelle des combinaisons de capitaux c'est d'éviter en grande partie les gaspillages de la concurrence, en organisant le plus avantageusement possible l'énergie industrielle. Elles y parviennent en assurant les arrivées régulières des matières premières, en perfectionnant la fabrication, et en se ménageant des débouchés stables et suffisants. On pourra lire, à ce sujet, le livre de M. J.W. Jenks, *The trust problem*. M. Jenks est une autorité. Il est professeur de science politique à l'université Cornell et membre de la commission industrielle des États-Unis.

M. Paul de Rousiers, dans son ouvrage : *Les Syndicats industriels de producteurs en France et de l'étranger,* résume avec une grande clarté la situation économique dont les trusts sont une des manifestations. Nous citerons quelques passages de son livre : ils aideront à faire comprendre l'idée qui a préside au projet que nous essayons d'expliquer dans cet ouvrage :

« Là même où les syndicats industriels donnent lieu aux abus les plus graves ; là où ils excitent les méfiances les plus justifiées ; là où la loi elle-même cherche à empêcher leur création, aux États-Unis, nous voyons leur marche triomphante se poursuivre avec un caractère pour ainsi dire fatal. Bon gré mal gré, les usines indépendantes sont obligées de se soumettre à la domination des trusts ou de disparaître. »

« L'ancienne organisation industrielle et commerciale se prêtait bien à l'isolement des producteurs : chacun travaillait pour soi et uniquement pour soi, cherchant à se créer puis à se réserver une clientèle, luttant avec quelques concurrents placés dans des conditions analogues, mais sans grande préoccupation de l'équilibre général entre la production et la consommation. »

« Il était difficile aussi d'atteindre des marchés éloignés ; par suite, la sphère d'écoulement des produits fabriqués d'une usine donnée était forcément restreinte ; par suite aussi, chacune de ces sphères se trouvait isolée de la sphère voisine. »

« Aujourd'hui le machinisme permet une production dépassant de beaucoup la demande et la facilité des communications rend possible de distribuer des objets fabriqués sur des territoires très éloignés les uns des autres. »

« Le besoin de concentration se manifeste par d'autres traits. Au point de vue industriel, les grands établissements ont sur les établissements modestes des avantages marqués ; le machinisme s'y développe dans des conditions plus favorables et d'une manière plus complète ; mais des usines peu éloignées peuvent quelquefois s'assurer des avantages en s'unissant, en se fusionnant. Au point de vue commercial, des usines même très distantes les unes des autres ont intérêt à se syndiquer, pour la vente de leurs produits ... Ce n'est pas tout ; les grands pays industriels, pourvus de moyens de production très supérieurs à leur *consommation* personnelle, cherchent des débouchés au dehors. C'est l'intérêt commun de tous les fabricants d'un même objet de trouver ces débouchés. Et comme l'opération est coûteuse, comme elle exige des sacrifices et comporte des aléas, un syndicat puissant sera mieux en mesure de la conduire qu'un industriel isolé ... »

« L'évolution économique moderne, en donnant à la production une élasticité inconnue jusqu'alors, en élargissant les anciennes sphères d'écoulement des produits, a créé des intérêts communs à de grandes catégories de fabricants. Elle a fait de la concentration industrielle une nécessité. Elle a porté la concentration commerciale à un degré encore plus élevé. Elle est bien la cause universelle des syndicats de producteurs ».

De tout ce qui précède, et c'est, croyons-nous, un résumé impartial de toutes les opinions autorisées, il découle les conséquences que voici :

L'union des producteurs pour la défense de leurs intérêts communs est une nécessité démontrée de l'industrie moderne ; sans elle l'industrie se trouverait affaiblie et compromise.

Cette union entre ceux qui exercent un même genre d'industrie doit porter sur : 1. l'obtention avantageuse des matières premières ; 2. l'excellence de la fabrication ; 3. la facilité des débouchés.

Cette union, cette discipline volontaire à laquelle se soumettent ces producteurs ne nuit pas essentiellement à leur initiative et à leur liberté individuelle.

Cette union est bienfaisante pour les ouvriers autant que pour les patrons, puisqu'elle assure la stabilité du travail et du salaire, et favorise l'organisation légitime des ouvriers, laquelle devient aussi nécessaire que l'organisation de l'industrie elle-même. [1]

Cette union, ces concentrations de capitaux : trusts, cartels ou syndicats, forment des corporations puissantes qui peuvent constituer de graves dangers pour la société, qui, de fait, sont un danger réel en Allemagne et surtout aux États-Unis, où elles se développent de plus en plus, en dépit des lois dont elles ne tiennent aucun compte.

Ce danger disparaît lorsque l'autorité de l'État n'est pas confisquée au profit des organisations industrielles, en d'autres termes, quand celles-ci ne peuvent pas se rendre coupables d'abus politiques et d'actes oppressifs à l'encontre de l'intérêt des citoyens en général.

Or nous disons que le projet, que nous avons esquissé dans ces pages, offre la plupart des avantages de la concentration industrielle, tout en évitant la plupart de ses inconvénients.

L'on y trouve les éléments utiles de la concentration industrielle : arrivages réguliers des matières premières ; inspection des fabriques, gradation et classification de leurs produits ; suppression de la concurrence excessive, si ce n'est quant à la qualité des produits ; le tout grâce à l'initiative autorisée d'une Société puissante dont le seul intérêt est l'intérêt général et qui s'occupera activement des débouchés extérieurs pour les produits dont elle aura surveillé et, en quelque sorte, dirigé la fabrication.

L'industrie forestière ainsi organisée serait assurée d'une matière première abondante à des prix stables et raisonnables. A la longue, en effet, elle finirait par compter presque exclusivement, pour son approvisionnement, sur les syndicats de colons et autres établissements du même genre, tous plus ou moins directement affiliés à la Société des industries forestières.

L'excellence des produits devrait se maintenir grâce aux expériences constantes de science appliquée qui seraient conduites sous les auspices de la Société, dont les industriels eux-mêmes fe-

1 Il n'est pas nécessaire de dire que l'organisation vraiment utile à l'ouvrier et à l'industrie n'est pas celle qui existe trop souvent de nos jours et dans notre pays. M. Maurice Schwob, dans son livre : *Avant la Bataille,* déjà cité, explique ce que c'est que la vraie organisation ouvrière. Tout son ouvrage est à lire, et nous regrettons de ne l'avoir lu qu'après que ces études fussent en grande partie imprimées.

Errol Bouchette

raient partie, et aussi par suite de l'inspection régulière et la gradation uniforme qui en serait faite en vue de leur vente surtout à l'étranger.

Les industriels n'auraient pas à redouter les tarifs différentiels ou les « rebates » secrets sur les voies ferrées. De ce côté aussi ils seraient protégés, tant pour leurs achats que pour leurs ventes, par les intérêts solidaires de tous, représentés par une organisation assez puissante pour réagir contre toute tentative frauduleuse.

Ils n'auraient pas, non plus, à s'occuper directement de la question des débouchés, car la Société, soutenue par le gouvernement et agissant avec le crédit et l'autorité que lui donnerait le contrôle supérieur qu'elle exercerait, assurerait l'écoulement des produits fabriqués. Cette tâche lui serait d'autant plus facile que les produits forestiers canadiens se trouveraient avoir pratiquement un monopole sur les marchés du monde, par suite de la situation particulière où se trouveraient nos industriels et de leur puissante organisation.

Une telle organisation ne pourrait manquer de faire à l'ouvrier une place large et honorable. Ses intérêts seraient assurés puisqu'un des premiers soins de l'association serait de l'instruire et de développer en lui ses précieuses qualités natives. De plus, la fabrique et l'atelier n'auraient pas sur lui une influence aussi débilitante que s'il travaillait dans d'autres conditions ; il ne se grouperait pas dans les grands centres ; il travaillerait dans la forêt, dans le voisinage des eaux ; il serait en contact constant avec la population agricole où il se recruterait et, avec la vie morale et intellectuelle que lui ouvriraient l'éducation et l'instruction, il se préparerait à se superposer aux éléments étrangers qui envahiront bientôt le Canada français.

Nous trouverons donc ici à peu près tous les avantages de la concentration industrielle. D'autre part, nous ne croyons pas qu'il serait facile de convertir cette puissance bienfaisante en un pouvoir abusif. Les intérêts vitaux du pays se feraient ici contrepoids sans être portés à s'entre-détruire. Les grands industriels seraient intéressés à promouvoir l'agriculture et la colonisation, car ils dépendraient d'elles pour la main-d'œuvre et pour la fourniture de la matière première. Les agriculteurs et les colons s'intéresseraient à la prospérité des industries dont ils seraient devenus les fournisseurs, et ne tendraient plus autant à abandonner les champs pour les grands centres démoralisateurs.

Par suite de tous ces intérêts solidaires travaillant de concert, il ne pourrait plus être question de ces malheureuses lois d'exception qu'on impose trop souvent aujourd'hui aux législateurs et qui portent à leur face la preuve des difficultés sociales et économiques au milieu desquelles nous nous débattons avec toute l'impuissance d'un homme qui se noie.

Que la situation serait différente, qu'elle serait terrible, si quelque combinaison énorme de capital américain s'emparait définitivement de nos terres publiques, de nos fleuves et de nos forêts ! Et cela arrivera, si nous ne savons pas l'empêcher. Elle acquerrait d'immenses coupes de bois, tout ce qui reste encore de notre domaine forestier : elle en chasserait définitivement le colon et l'agriculteur, l'espoir de notre avenir. Elle dévasterait, suivant la méthode du commerçant actuel, elle ferait, pendant quelques années, une fabrication intensive, puis elle disparaîtrait de nos bois épuisés, nous ayant privés non pas seulement de nos richesses économiques, mais aussi, presque certainement, de notre indépendance politique, et de notre idéal si précieux, laissant pour tout partage à ceux qui auront voulu rester fidèles à la tradition et à l'aspiration nationale, la ruine et le désespoir. C'est la conclusion logique de ce que nous avons dit jusqu'ici. En général, celui qui veut poser en prophète risque fort d'être démenti par l'événement. Mais ici il n'y a pas d'erreur possible et la situation est claire comme le jour.

Le Canada ne conservera son indépendance économique et son autonomie politique qu'à la condition de développer son industrie nationale.

Le Canada français ne conservera sa place au soleil que s'il sait maintenir sa population nombreuse, saine, vigoureuse et éclairée. Pour cela, il lui faut, de toute nécessité, s'emparer de l'industrie forestière, dont la nature semble lui avoir préparé un monopole.

De nos jours, pour implanter dans un pays la grande industrie, une organisation puissante, appuyée d'une politique industrielle de la part des pouvoirs publics, est absolument essentielle.

Si le Canada, surtout le Canada oriental, sait organiser puissamment son industrie, il atteindra, en peu de temps, une situation

Errol Bouchette

prépondérante tant à l'intérieur qu'à l'extérieur, à cause de l'abondance de ses ressources et de sa situation exceptionnelle aux points de vue géographique et topographique.

Nous croyons avoir prouvé dans les pages qui précèdent que cela est essentiel et que cela est possible. Nous voudrions pouvoir le proclamer partout, dans chaque ville, dans chaque village, dans chaque hameau, afin que le cri : Emparons-nous de l'industrie ! se grave dans tous les cœurs et s'inscrive sur toutes les bannières. Cette tâche ne restera pas à parfaire. D'autres plus autorisés et mieux doués s'empareront de cette idée en la perfectionnant. Ils prêcheront une croisade dont les fruits seront abondants, et la volonté populaire, devenue irrésistible, nous mettra enfin en possession de notre domaine industriel. C'est ainsi que nous triompherons des dangers de l'heure présente et qu'en achevant victorieusement une des grandes étapes de notre vie nationale, nous ouvrirons à nos enfants la voie de l'avenir.

Conclusion

Nous devons suspendre ici, pour un temps du moins, le cours des études dont la série occupe déjà une année entière. En nous séparant de ces pages nécessairement très incomplètes, mais dont la pensée dominante se dessine clairement dans notre esprit, il ne semble pas inutile de faire part au lecteur d'un incident qui, en partie, en a inspiré l'idée. On y trouvera une des preuves les plus concluantes que puisse fournir la philosophie de l'histoire à l'appui de la thèse que nous y avons soutenue.

Un soir de l'automne de 1904, plusieurs citoyens de la ville d'Ottawa s'étaient réunis pour féliciter un des leurs d'une distinction bien méritée qui lui avait été décernée. Parmi les discours prononcés en cette circonstance, celui d'un homme d'État très éminent nous a particulièrement frappé. Il invitait ses auditeurs à se livrer aux travaux de la pensée ; il leur parlait de l'importance des lettres et des œuvres de l'esprit dans la vie des peuples ; il constatait avec regret qu'on ne s'occupe pas assez de ces choses au Canada. Au point de vue historique, surtout, il déplorait une lacune regrettable. Nos archives sont là qui attendent qu'on les dépouille, s'écria-t-il, et cependant il ne s'est encore trouvé personne pour continuer l'œuvre de Garneau.

Cette évocation souleva l'enthousiasme. Garneau ! Voilà un nom qu'immortalise une grande œuvre, œuvre connue non seulement des lettrés, mais de tout le monde. Cela tient à quelque chose de plus qu'à la perfection de la forme et à l'exactitude quant au fond. Il faut à chaque peuple son Homère, qui devient son véritable historien. Pour l'être, il ne suffit pas de connaître les événements, de savoir les coordonner et les narrer agréablement. L'historien dont l'œuvre reste comme un phare lumineux éclairant la nuit du passé est une âme puissante qui se livre tout entière. Pénétré du génie du peuple dont il parle et avec lequel il s'est identifié, s'attachant au sens intime des choses bien plus qu'à leur portée apparente et extérieure, il sait distinguer ce qui est permanent parmi la multitude des passions éphémères, et de son analyse se dégage l'aspiration nationale.

Il fait d'un jugement sûr le procès des défaillances, pour mieux mettre en lumière la pensée inspiratrice des grands mouvements populaires et des actions héroïques. Écrire avec passion n'est pas toujours un danger. Chez l'homme supérieur, cette passion est une garantie de sincérité, de droiture, de science et de la véritable impartialité à laquelle ne pourra jamais atteindre l'écrivain froid et indifférent. Celui-là seul qu'anime le pur patriotisme saura comprendre son pays : lui seul pourra peindre les grands hommes qu'il exalte, expliquer les fautes qu'il réprouve, décrire les souffrances auxquelles il participe. Lui seul, enfin, dominant les confusions humaines, pourra d'autorité se dresser en prophète pour indiquer à ses compatriotes la voie où il leur faut s'avancer.

Voilà ce que furent quelques-uns de nos historiens, mais surtout Garneau. Grâce à eux, les fils de Champlain, dans leur marche vers l'avenir, peuvent s'appuyer sur les traditions de leur glorieux passé. Aussi se distinguent-ils eux-mêmes, trop volontiers peut-être, des peuples dont les aspirations leur semblent plus matérielles. Ils ont un idéal, et l'idéal chez un peuple sain est encore ce qu'il y a au monde de plus durable et de plus puissant.

N'insistons pourtant pas trop sur cet état d'esprit qui n'est pas sans danger. Constatons seulement que ces appuis manquent, jusqu'à un certain point, aux autres nations américaines. Certes, elles ont aussi leurs pages glorieuses, leurs héros, leurs grands hommes devant lesquels l'univers s'incline avec respect. Mais chez elles la lutte fut moins âpre, la souffrance qui ennoblit moins intense, et elles s'en rendent compte. Aussi est-ce bien souvent parmi nous que viennent s'inspirer leurs poètes, leurs écrivains et leurs artistes, encore qu'ils nous refusent parfois l'entière justice qui nous est due. Pour enluminer leurs pages historiques, pour redire les traditions et les légendes, il leur manquerait ailleurs ce souffle qu'on ne retrouve, nous dit Platon, que dans ces pays où le cœur de l'homme s'est retrempé au contact des grands dévouements.

Nous avons notre âge héroïque, plus vrai, plus beau que celui de la Grèce. On y trouve de grandes figures qui saisissent l'imagination populaire. Dollard et Iberville, Frontenac, Joliet, Marquette, et tant d'autres aux noms immortels, ne sont pas des héros isolés ; Évangéline n'est pas née spontanément de l'inspiration d'un grand poète. Ils incarnent le génie du peuple d'où ils sortent.

Nos ancêtres qui franchirent les mers n'étaient pas des émigrants prolétaires en quête de subsistance, ni de farouches sectaires fuyant la persécution de leur pays d'origine pour persécuter à leur tour et souiller un sol vierge des sanglants holocautes de leur fanatisme. L'esprit de conquête même n'était pas le motif déterminant de leur exode. L'histoire reconnaît en eux les apôtres d'une civilisation, les porteurs d'une parole. Aussi, missionnaires et martyrs, explorateurs et pionniers, soldats et marins de la Nouvelle-France, vos noms sont entourés d'auréoles. De la Floride jusqu'aux glaces polaires, de l'humble Acadie jusqu'à la Porte d'Or, vous êtes devenus pour les populations des êtres à part et pleins d'une mystique grandeur ; car sur tous les points du vaste nouveau monde se retrouve la trace de votre passage et de vos travaux.

Pour nous, vous n'êtes pas d'indécises silhouettes. Votre sang coule dans nos veines, nos âmes s'inspirent de vos pensées. En nous léguant un héritage de traditions, de droits, et surtout de devoirs, vous avez fait de nous des continuateurs. La patrie que vous nous avez choisie est loin du ciel énervant des tropiques ; elle suit les rives du plus beau fleuve du monde ; fleuve pur en sa source qui jaillit des profondeurs limpides d'une grappe de mers, pour s'élargir et s'épandre, vaste corne d'abondance, au-dessus du continent tout entier. Puisse son cours majestueux être l'image de nos destinées. Ses bords virent notre genèse ; ils frémirent au bruit des grandes guerres de cette lutte séculaire où les régiments français succombent enfin sous le nombre, mais dans l'épuisement de la victoire, ainsi qu'il convient à des Francs. Et toute cette gloire recueillie est devenue l'épopée d'un continent.

Une civilisation nouvelle nous appartient, à nous les descendants, mais nous ne sommes pas seuls pour en jouir et pour la développer. Nous avons dû en faire une part à ceux qui survinrent en cet instant mémorable où nous refusions de rompre nos liens, de peur de perdre le dépôt sacré légué par nos pères.

Ces nouveaux venus étaient, eux aussi, une élite ; ils portaient avec eux leur arche sainte, leur idéal ; idéal différent du nôtre, dans ses manifestations extérieures surtout, mais que nous pouvions néanmoins respecter. Ils étaient dignes d'être nos émules et de devenir nos amis. L'amitié ne se noua pas du premier coup, les cicatrices mal guéries des haines séculaires se rouvrirent plus d'une fois. Des luttes ardentes, sanglantes quelquefois, signalèrent ces rencontres de deux marées humaines. De nos jours même les malentendus surgissent parfois encore. Mais ensemble, malgré ces divergences, nous avons fondé une confédération immense par l'étendue du territoire, puissante par l'excellence des éléments humains qui la composent, et qui, si nul événement funeste ne vient arrêter un essor, semble appelée à de grandes destinées.

Voilà ce que racontent jusqu'à présent nos historiens. S'ils furent grands, c'est qu'ils eurent à dire de grandes choses. Pour qu'ils aient des successeurs, il faut que nous sachions être dignes de ceux dont ils proclament les hauts faits.

Ceux donc qui s'intéressent à la jeunesse, qui désirent qu'elle soit sage, active, énergique et studieuse, ont raison de la pousser vers les oeuvres de l'esprit ; surtout vers cette science qui est, par excellence, celle du siècle, la science appliquée aux utilités économiques et qui occupe à la fois les intelligences et les bras. C'est à l'heure actuelle la préoccupation d'un grand nombre de nos écrivains les mieux connus et les plus sérieux. Pour ces penseurs, l'avenir offre des incertitudes très inquiétantes ; ils les expriment sans cesse, et leurs paroles sont l'écho du sentiment intime de leurs compatriotes.

Errol Bouchette

Et à côté d'eux l'histoire se tait, on dirait qu'elle n'ose pas élever la voix. Cet ensemble de circonstances n'est-il pas significatif ? Pour notre part, nous y trouvons un aveu tacite, mais général, dont il est impossible de ne pas tenir compte ; notre destinée nationale, sociale et même politique n'est pas encore fixée. Cette situation n'est pas favorable à l'éclosion d'une grande oeuvre historique.

En tout temps, sans doute, un écrivain peut reprendre et rendre plus clairs certains points d'histoire imparfaitement traités. C'est ce qu'on fait présentement et avec un rare talent, preuve manifeste que les historiens ne manquent pas. Mais quel homme de valeur voudrait entreprendre de fixer la psychologie d'une époque nouvelle avant que cette époque soit terminée ? Comment pourrait-il le faire avec intelligence ? Si on voulait lui imposer une pareille tâche, la plume lui tomberait des mains. Son oeuvre ne pourrait être que fade et obscure, un drame sans dénouement et sans moralité : elle pourrait même devenir dangereuse, si en entretenant nos jeunes gens d'un glorieux passé elle leur faisait oublier les dangers et les devoirs de l'heure présente.

Or c'est là la pierre de touche de la situation, l'épreuve infaillible et décisive de l'état où se trouve, à un moment donné, un peuple ou une nation. Alors, dès qu'il veut écrire, certaines questions se posent inexorablement devant l'historien : Convient-il de raconter quand l'ennemi s'avance au pas de charge ? Est-ce dans la fumée du combat qu'on doit penser à en décrire les péripéties et en expliquer les résultats ? En ces heures de pénible incertitude tous les citoyens doivent être soldats : Est-il juste de les détourner du devoir du moment qui est de combattre ? Et si nous nous appliquons à les distraire, à faire d'eux de mauvais soldats qui, pour prix de leur insouciance, recueilleront l'ineffaçable déshonneur, sans pour cela échapper à la mort, quelle responsabilité sera la nôtre ? C'est pour cela que notre histoire écrite ne se continue pas, et, répétons-le, l'indice est des plus graves.

Qu'on n'aille pas croire qu'un sentiment d'étroit pessimisme a dicté ce qui précède. Nous pensons avoir suffisamment prouvé, au cours de ces études, que cette faiblesse nous est étrangère. Mais une trop grande confiance serait tout aussi dangereuse, peut-être plus dangereuse encore, à l'heure actuelle. Car en ce moment tout semble conspirer pour nous endormir dans une fausse sécurité.

Conclusion

L'argent abonde dans nos campagnes, les cultivateurs s'enrichissent, de nouvelles paroisses se fondent, la population rurale semble de nouveau se porter en masse à la conquête du sol. Même sur nos côtes maritimes la nombreuse population qui vivait de pêche et qui restait très pauvre parce que, existant au jour le jour, elle se trouvait sous la coupe des patrons, commence à s'émanciper en se livrant à l'exploitation agricole. Déjà, dans la Gaspésie, en arrière des concessions morcelées de la côte, on voit des défrichements considérables où les familles changent visiblement de mœurs et d'allures. Partout, naturellement, le commerce local est prospère, l'industrie laitière prend des proportions de plus en plus considérables, d'autres industries non sans importance commencent à poindre. Tout cela n'est pas d'un peuple moribond, et tout cela confirme ce que nous avons essayé de démontrer.

Quelle puissance on observe de toutes parts chez cette population si saine et si exubérante ! Même les étrangers sont frappés de sa vigueur physique et intellectuelle, du pouvoir latent qu'elle renferme encore plus que de ses qualités les plus développées. Et nous trouvons parmi les nôtres des gens qui prétendent que faute de capital, mais surtout faute d'aptitudes, nous sommes d'avance voués à la défaite, dans la lutte industrielle qui nous attend et que nous ne pouvons pas éviter. Quelle ineffabilité !

Et que penser de ceux qui, sans aller aussi loin que les premiers, nous soutiennent que par la victoire économique que nous remporterons certainement, si nous le désirons, nous risquons de perdre notre génie national, notre idéal, nos grandes traditions ; que notre flambeau s'y éteindra dans les boues du matérialisme ! En vérité, ceux-ci nous semblent encore plus aveugles que ceux-là. Ils n'ont pas compris que la philosophie, l'art, la littérature doivent dominer la vie humaine et non pas l'absorber : qu'elles sont la flamme de l'existence sociale, plus ou moins riche et pure.

Qu'ils nous disent depuis quand la victoire et la puissance ont détruit chez les peuples les glorieuses traditions ? Depuis quand la défaite et la servitude développent-elles chez eux les qualités nobles et viriles ? Sont-ce les faibles qui dirigent les forts, les esclaves qui commandent aux maîtres ? Qu'adviendrait-il, si par malheur nous avions à subir la loi du vainqueur économique, le plus terrible de tous ; si, abdiquant virtuellement notre influence

Errol Bouchette

et nos droits, nos ouvriers devenaient des ilotes, nos agriculteurs des paysans ruinés, nos classes instruites, ou prétendues telles, des prolétaires - comme le sont déjà les trois quarts de nos médecins, avocats et fonctionnaires, ainsi que la presque totalité de nos instituteurs ?

Est-ce quand tout cela serait consommé que nous pourrions prétendre prêcher sur ce continent, comme le firent nos pères, la sainte croisade de la vérité, de la justice et de la liberté 9 Pourrions-nous espérer qu'en de telles conditions notre population s'accroîtrait et que nous fonderions des familles saines et nombreuses ? Verrait-on fleurir dans un pareil milieu l'agriculture, les lettres, les sciences, les arts, sans parler de la morale et de la religion ? Or ce sont là des possibilités qui deviendront d'affreuses réalités si nous n'y prenons pas garde. L'apathie serait ici criminelle, et s'il est défendu de désespérer jamais de son pays, au moins doit-on admettre que l'incertitude de l'avenir plane sur nous comme une nuée de mauvais présage.

Ah ! ne nous y trompons pas. Nous n'accomplirons nos destinées qu'à la condition d'être de toutes manières les forts de notre siècle. Nous n'y arriverons jamais en nous traînant à la remorque de nos compatriotes de langue anglaise ; mais par un effort qui nous placera à la tête du progrès économique du continent ; par la résolution inébranlable de mettre en honneur et en pratique parmi les nôtres cette science « qui constate (et qui applique) les lois générales déterminant l'activité et l'efficacité des efforts humains pour la production et la jouissance des différents biens que la nature n'accorde pas spontanément et gratuitement à l'homme ». Faisons cela ; le reste nous sera accordé par surcroît.

L'effort ainsi compris nous donnera tout : la puissance économique d'abord qui est la base nécessaire de toute oeuvre nationale, sociale et civilisatrice ; puis, conséquences qui naturellement en découlent, l'autorité et l'influence de toutes nos classes, et plus particulièrement de nos hommes publics qui ont tant besoin pour être écoutés d'un puissant appui populaire. C'est alors que la confiance, qui provient de la force consciente et éprouvée, nous confirmera dans la possession de ces biens immatériels qui sont notre héritage le plus précieux, que nous tiendrons enfin la baguette magique qui révèle les trésors de l'âme et fait éclore toutes les fleurs de l'esprit.

Conclusion

Puis, à l'heure qui suivra notre victoire, en un de ces moments si rares où le peuple, sûr désormais de l'avenir, jouira en paix du présent, du sein de la floraison des lettres, des sciences et des arts, surgira l'historien attendu pour immortaliser cette nouvelle étape de notre vie nationale.

ISBN : 978-1536969757

Errol Bouchette

www.ingramcontent.com/pod-product-compliance
Lightning Source LLC
Chambersburg PA
CBHW060335290526
45793CB00003B/626